KB191105

성공한 사람들은
HIM 있게 말한다

성공한 사람들은 HIM 있게 말한다

HIM 있는 3단계 성공 대화법

Humor 유머가 있고	×	Impact 임팩트 하게	×	Meaning 의미 전달

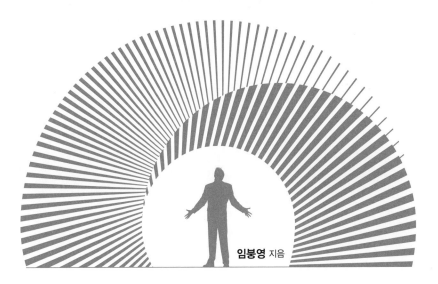

임붕영 지음

미래지식

'HIM' 있게 말해야
살아 남는다

성공한 사람들은 HIM(힘) 있게 말한다. 'HIM 있는 화법'이란 자신 감과 확신을 가지고 상대방에게 효과적으로 메시지를 전달하며, 그 메시지를 통해 설득력과 신뢰를 구축하는 대화 방식이다. 이 화법은 상대에게 강한 인상을 남기고, 중요한 정보를 명확하게 전달하며, 상 대방의 행동을 변화시키는 데 많은 역할을 한다. 힘 있는 대화법은 자 신감 있는 태도가 기본이다. 사람들은 자신감 있는 사람에게 끌리며 그의 의견을 더 신뢰하게 된다. 자신감은 단지 목소리의 크기나 말의 속도에서 나오는 것이 아니라 말하는 사람의 태도와 비언어적 표현 그리고 자신이 전달하려는 메시지에 대한 확신에서 나온다.

지난 30여 년간 대학과 기업체에서 소통 전문가로서 수많은 강 의를 했다. 기업 현장에서 만난 직장인들을 통해 성공하는 사람들에 게는 HIM 있는 세 가지 화법이 있다는 것을 발견했다. 여기서 말하 는 HIM이란 3단계 화법으로 1단계는 Humor(유머) 있게, 2단계는

Impact(임팩트) 있게, 3단계는 Meaning(의미)을 나누는 대화법이다. 즉 말을 잘하는 사람들은 유머가 있고, 임팩트 있고, 의미 있는 대화법을 구사한다. 이 책은 필자의 'HIM 있는 대화법'이라는 주제의 현장 교육과 사례들을 중심으로 다루었다. 성공하는 사람들의 화법에는 특별한 특징이 있는데, 그들은 단순히 말을 잘하는 것에 그치지 않고, 대화를 통해 상대방의 마음을 사로잡고 신뢰를 쌓으며 강력한 영향력을 발휘한다. 한 마디로 'HIM' 있게 말한다. 'Humor ➡ Impact ➡ Meaning' 이 세 가지 요소를 중심으로 성공적인 대화법을 알아보자.

HIM 있는 대화법을 공식으로 만들면 다음과 같다.

$$C = H \times (I+M) \rightarrow \text{Communication} = \text{Humor} \times (\text{Impact} + \text{Meaning})$$

커뮤니케이션은 흥미 있는 이야기와 의미 있는 내용의 유머를 가미하면 그 효과를 극대화할 수 있다는 뜻이다. 이 공식은 유머는 단순히 재미를 위한 요소가 아니라 임팩트 있게(Impact) 의미 있는(Meaning) 메시지를 강화하고 전달하는 데 중요한 역할을 한다는 것을 나타낸다. 또한 유머가 '임팩트 있는 요소와 의미 있는 메시지'를 함께 담아낼 때 커뮤니케이션의 효과가 배가 된다는 것을 보여준다.

$C = H \times (I+M)$ 공식을 살펴보면, 유머(H)가 기본이 되어, 임팩트(I)

와 의미(M)를 결합한 소통이 이루어질 때 가장 효과적인 대화가 가능하다는 것을 말한다. 즉, 유머를 통해 강화된 대화는 임팩트와 의미를 더 잘 전달할 수 있게 만든다.

결국 성공한 사람들은 단순히 말만 잘하는 것이 아니라, Humor(유머), Impact(임팩트), 그리고 Meaning(의미)을 담아 대화한다. 이들은 유머를 통해 분위기를 유연하게 만들고, 흥미로운 이야기와 질문으로 상대방의 관심을 끌며, 의미 있는 메시지를 통해 감정적 연결과 신뢰를 구축한다. 이러한 'HIM 있는 화법'을 통해 그들은 상대방과 효과적으로 소통하고, 궁극적으로 더 큰 성과를 만들어낼 수 있다. 성공적인 대화법을 익히고 싶다면, HIM 요소를 활용해 대화를 풍부하고 가치 있게 만들어보자.

'HIM 있는 대화법' 자가 진단 1

다음은 성공한 사람들이 자주 사용하는 대화법인 'HIM 있는 대화법'을 효과적으로 구사하는 능력을 자가 진단할 수 있는 30개의 질문이다. 각 문항은 5점 척도로 평가되며, 자신에게 해당하는 정도를 다음 점수로 매겨보자.

(1점: 전혀 아니다, 2점: 거의 아니다, 3점: 보통이다, 4점: 어느 정도 그렇다, 5점: 매우 그렇다)

구분	항목	내용	점수
유머(Humor)	1	나는 유머스럽게 말하는 능력이 있는가?	
	2	상대방의 반응에 맞추어 유머를 조정하고 적절히 사용하는가?	
	3	자신의 실수를 웃음으로 넘기며 유쾌하게 받아들이는 편인가?	
	4	누군가가 긴장하거나 어색해하는 상황에서 유머로 분위기를 풀어주는가?	
	5	유머를 사용할 때 공격적이거나 불쾌한 느낌을 주지 않도록 주의하는가?	
	6	나의 유머가 상황에 맞고 과하지 않게 전달되고 있는가?	
	7	다른 사람의 유머나 농담을 잘 받아넘기고 자연스럽게 연결하는 능력이 있는가?	
	8	사람들과 대화할 때 지나치게 진지하지 않고, 가벼운 농담을 자주 사용하는가?	
	9	무거운 대화 주제에서도 적절한 타이밍에 유머를 섞어 분위기를 전환하는가?	
	10	일상적인 상황에서 재미있는 포인트를 찾아 대화에 잘 녹여내는가?	
		유머 진단 합계 :	

구분	항목	내용	점수
임팩트(Impact)	1	대화에서 핵심 메시지를 명확하고 간결하게 전달할 수 있는가?	
	2	상대방에게 강렬한 인상을 남길 수 있는 강력한 어휘를 사용하는가?	
	3	중요한 순간에 강조해야 할 부분을 적절히 강조하는 능력이 있는가?	
	4	짧고 명료한 표현으로 상대방의 관심을 끌고 주목받을 수 있는가?	
	5	이야기할 때 자신감 있는 어조와 말투를 사용하여 사람들에게 신뢰를 주는가?	
	6	대화에서 불필요한 정보를 배제하고 핵심만 말할 수 있는 능력이 있는가?	
	7	상대방에게 질문을 던져 대화에 참여시키고 상호 작용을 유도하는가?	
	8	말할 때 적절한 목소리 톤과 속도를 조절하여 청중의 집중을 유지하는가?	
	9	이야기를 하면서 중요한 메시지를 반복하거나 요약해 기억에 남게 하는가?	
	10	논리적이면서 감정적으로 사람들에게 깊은 인상을 주는가?	
		임팩트 진단 합계 :	

구분	항목	내용	점수
의미 전달(Meaning)	1	복잡한 아이디어나 생각을 쉽게 풀어 설명할 수 있는 능력이 있는가?	
	2	내가 전달하는 메시지를 상대방이 쉽게 공감하고 이해할 수 있는가?	
	3	나의 말이 상대방에게 깊은 의미나 교훈을 남기는 대화가 되는가?	
	4	대화에서 상대방의 입장을 배려하고, 그들에게 필요한 메시지를 전달하는가?	
	5	내 말이 청중이나 상대방에게 오래 기억될 수 있는 감동이나 의미를 전달하는가?	
	6	대화 중 실제 경험을 예로 들어 상대방이 쉽게 이해하고 공감할 수 있도록 하는가?	
	7	상대방의 말을 잘 듣고, 그들의 의견을 존중하면서 자신의 생각을 전달하는가?	
	8	이야기에서 핵심적인 메시지를 정리해 상대방이 쉽게 받아들이도록 하는가?	
	9	내가 전하는 이야기가 사람들에게 영감을 주거나 생각할 거리를 제공하는가?	
	10	대화 중 중요한 가치를 전달할 때 그것을 명확히 설명하는가?	
		의미 전달 합계 :	

1. 유머(Humor)

- 40~50점: 유머가 자연스럽고 상황에 맞게 대화를 잘 풀어나간다.

- 30~39점: 유머 감각이 있으나 더 자연스럽게 발전시킬 필요가 있다.

- 20~29점: 유머를 잘 사용하지 않거나 타이밍이 잘 맞지 않는다.

- 10~19점: 유머를 대화에 더 많이 포함시키려는 노력이 필요하다.

2. 임팩트(Impact)

- 40~50점: 대화에서 강렬한 인상을 남기며, 핵심을 잘 전달한다.

- 30~39점: 중요한 순간에 깊은 인상을 주지만, 개선할 부분이 있다.

- 20~29점: 인상 깊은 대화 기술을 연습하고 강조하는 법을 배워야 한다.

- 10~19점: 메시지를 간결하고 강하게 전달하는 훈련이 필요하다.

3. 의미 전달(Meaning)

- 40~50점: 의미 있는 대화를 통해 사람들에게 깊은 인상을 남긴다.

- 30~39점: 의미를 잘 전달하지만, 상대방의 공감을 더 이끌어 낼 수 있다.

- 20~29점: 복잡한 메시지를 단순화하고 명확하게 전달할 필요가 있다.

- 10~19점: 대화에서 의미 있는 메시지를 전달하는 방법을 연습해야 한다.

위의 각 항목을 합산하여 평가한다.

- 120~150점: 유머스럽고, 임팩트 있게 의미를 전달하는 고수다.

- 90~119점: 한 차원 높은 훈련이 필요하지만 우수하다.

- 60~89점: 유머스럽고, 임팩트 있게 의미를 전달하는 대화법 훈련이 요구된다.

- 30~59점: 전반적으로 대화법에 대해 노력해야 한다.

나는 고수처럼 말하는가, 하수처럼 말하는가?

누구나 고수처럼 말하면서 소통 전문가로 거듭나고 싶어 한다. 사회생활에서 사람들이 갈등을 겪는 문제 중 하나가 소통 때문이라고 생각한다. 말 한 마디가 그 사람의 지성과 품격을 드러내고, 대인관계의 능력을 보여주기 때문이다. 우리 능력을 사회에서 활동하면서 마음껏 펼치려면 반드시 소통이라는 관문을 지나야 한다. 아는 것도 많고 학력도 높은 사회적인 저명인사가 말 한 마디로 무너지는 경우도 있고, 또 말을 잘 못해서 리더십을 발휘하지는 못한 경우도 흔하다. 나는 지난 30년간 소통 문제를 교육하면서 이런 결론을 내릴 수 있었다.

"말을 못 하는 사람은 없다. 그러나 말을 제대로 잘하는 사람은 드물다."

그렇다면 어떻게 하면 말을 잘할 수 있을까? 이 문제는 어떻게 하면 말을 못 하는지를 알면 쉽게 풀린다. 다음 20개 문항을 채워보면서 나는 하수처럼 말을 못 하는 사람인지, 고수처럼 말을 잘 하는 사람인지 진단해 보자.

1. 고수는 간단하게 말하고 하수는 (   )하게 말한다.
2. 고수는 미래지향적인 말을 하고 하수는 (   )인 말을 한다.
3. 고수는 칭찬하고 하수는 (   )한다.

4. 고수는 경청부터 하고 하수는 (   )부터 한다.

5. 고수는 유머스럽게 말하고 하수는 (   )만 말한다.

6. 고수는 온몸으로 말하고 하수는 (   )로만 말한다.

7. 고수는 긍정적으로 말하고 하수는 (   )으로 말한다.

8. 고수는 상대방의 언어로 말하고 하수는 (   )의 언어로 말한다.

9. 고수는 집중하고 하수는 (   )한다.

10. 고수는 주연처럼 말하고 하수는 (   )처럼 말한다.

11. 고수는 달변가처럼 말하고 하수는 (   )처럼 말한다.

12. 고수는 펄떡이는 말을 하고 하수는 (   )이는 말을 한다.

13. 고수는 희망을 주는 말을 하고 하수는 (   )을 주는 말을 한다.

14. 고수는 먹히는 말을 하고 하수는 (   )는 말을 한다.

15. 고수는 값지게 말하고 하수는 (   ) 말을 한다.

16. 고수는 이해가 가는 말을 하고 하수는 (   )가 가는 말을 한다.

17. 고수는 감탄하는 말을 하고 하수는 (   )하는 말을 한다.

18. 고수는 프로답게 말을 하고 하수는 (   )처럼 말을 한다.

19. 고수는 덕담을 말하고 하수는 (   )을 한다.

20. 고수는 바르게 말하고 하수는 (   ) 말한다.

(정답)

1. 복잡 2. 과거지향적 3. 질책 4. 설득 5. 원리원칙 6. 머리 7. 부정적

8. 자신 9. 집착 10. 조연 11. 다변가 12. 헐떡 13. 절망 14. 막히

15. 후지게 16. 오해 17. 한탄 18. 포로 19. 뒷담 20. 빠르게

차례

프롤로그 '**HIM**' 있게 말해야 살아 남는다   005

'HIM 있는 대화법' 자가 진단 1   008

'HIM 있는 대화법' 자가 진단 2   012

Part
1

어떻게
유머(Humor)스럽게 말할까?

01 유머스럽게 말하기 5단계 전략   023

02 유머가 논리를 이긴다   031

03 AI 시대일수록 유머가 필요하다   036

04 유머는 적을 만들지 않는다   042

05 유머는 소통의 첫 번째 법칙이다   046

06 사람들을 내 편으로 만드는 6가지 유머의 법칙   051

07 직장에서 성공하는 유머의 규칙 15가지   056

08 유머를 이기는 언어는 없다   064

09 세대와 문화의 차이를 연결하는 유머의 6가지 역할   069

10 유머는 농담이 아니라 고단수 커뮤니케이션 스킬이다   074

11 유머 감각이 뛰어난 사람들은 하나 같이 긍정의 달인이다   082

12 유머는 가장 생기 넘치는 마법의 언어다   087

13 유머 감각은 위기를 기회로 만든다   092

14 유머는 제6의 감각이다   097

어떻게
임팩트(Impact)있게 말할까?

01 고수는 최소의 단어로 최대의 임팩트를 준다   107

02 Impact(임팩트)가 있어야 Effect(효과)가 있다   115

03 어휘력이 임팩트한 말을 결정한다   120

04 임팩트 한마디가 백 마디 말을 이긴다   126

05 강하고 짧은 단어는 오래 기억된다   133

06 상대방을 제압하는 임팩트 화법 10가지   137

07 대화에서 무조건 피해야 할 10가지 함정   145

08 기성 세대와 MZ 세대가 공감 대화를 하는 기법   152

09 소통 문제로 고민하는 심리 요인 5가지   160

10 달변가는 복잡한 상황을 간단하고 재미있게 말한다   165

11 AI 시대는 임팩트한 질문이 정답이다   170

12 임팩트한 질문을 잘하는 사람들의 공통점 4가지   175

13 프로는 유머로 급소를 찌른다   180

14 탈무드에서 배우는 임팩트 대화법 7가지   184

15 유머로 웃으면서 상황을 역전시킨다   189

어떻게
의미(Meaning) 있게 말할까?

01 의미가 전달되지 않으면 100% 실패한 대화다   197

02 BTS 화법으로 의미를 전달하라   203

03 프로는 입으로 말하지 않고 온몸으로 말한다   209

04 스토리가 팩트를 이긴다   214

05 말을 못 해서 후회하는 사람들의 5가지 공통점   220

06 Win-Win 관계를 구축하는 대화법 5가지 규칙   226

07 감정 상태가 대화의 색깔을 결정한다   232

08 디지털 사회에서 아날로그 대화하는 기법 4가지   238

09 말(言)이 성공과 운명을 결정한다   243

10 입으로 망한 자는 있어도 귀로 망한 자는 없다   250

11 내 뜻대로 원하는 것을 얻어내는 7가지 대화법   254

12 달변가가 되고 싶다면 다독가가 되어야 한다   259

13 먼저 듣고 의미를 전달하는 4가지 기법   265

14 경청을 잘하면 얻을 수 있는 6가지 이점   269

15 경청을 잘하는 사람들의 5가지 원칙   273

16 100-1=0의 법칙이 설득을 좌우한다   277

17 상대를 내 편으로 만드는 설득의 기술   282

부록   끊기 십계명과 끈기 십계명 대화법   286

참고문헌   298

Part 1

어떻게
유머(Humor)스럽게
말할까?

Him 있게 말해야 살아남는다. 성공한 사람들은 HIM 있게 말한다. 1단계 유머스럽고(Humor), 2단계 임팩트(Impact) 하게, 3단계 의미 나누기(Meaning)를 한다. 대화에서 유머 있게 말하는 것은 분위기를 부드럽게 하고, 긴장을 완화하며, 상대방과의 친밀감을 높이는 데 도움이 된다. 또한 메시지를 더 기억에 남게 하고 긍정적인 상호작용을 촉진하며 부드러운 인간미를 선사한다. 1부에서는 유머스럽게 말하기를 학습한다.

01.

유머스럽게 말하기
5단계 전략

산부인과를 개원한 한 남자 의사는 불편해하는 환자들을 편안하게 해 주기 위해 다양한 아이디어를 찾기에 분주했다. 어느 날 한창 초음파 검사를 하는데 임산부가 여간 부끄러움을 타는 게 아니었다. 순간 의사의 눈에는 그 임산부가 입고 있는 셔츠가 눈에 들어왔는데 그 셔츠에는 이런 문구가 쓰여 있었다.

"발리에서의 추억을!"

이때 분위기를 전환시키기 위해서 의사는 조용히 물었다.

"발리는 언제 다녀오셨어요?"

그랬더니 환자는 놀라면서 물었다.

"아니 초음파 검사에 그런 것도 나오나요?"

이 정도면 아마 유머 천재를 출산할 가능성이 높다. 의사의 의술보다 임산부의 유머 감각이 분위기를 따뜻하게 만들고 어색함을 없애며 친근함을 불러일으키기 때문이다. 누구나 유머스럽게 말하고 싶어 한다. 유머 대화는 좋은 약을 나누어 먹는 것처럼 공감대를 형성하고 친근감을 불러일으킨다. 그래서 나는 강의할 때마다 유머라는 신비의 약을 나눠 먹자고 권유한다. 유머는 대인관계에 확실한 효과를 주기 때문이다. 유머 대화법 관련 강의에서 가장 많이 받는 질문은 이런 것이다.

- 나도 유머를 많이 알지만, 유머스럽게 말하지는 못해요.
- 내가 유머를 말하면 오히려 분위기가 썰렁해져요.
- 유머를 외워 보지만, 막상 대화 중에는 떠오르지 않아요.
- 내가 유머스럽게 말했는데 웃지 않으면 어떡하나 하는 불안감이 있어요.
- 유머 감각은 타고 나는가 봅니다.
- 유머 대화법에 관한 책을 읽어도 막상 써먹으려면 도움이 안 돼요.
- 리더로 승진하면서 말투부터 고쳐야 한다는 생각을 항상 하고 있어요.
- 재미있다고 생각하는 유머를 했는데 아무도 웃지를 않아요.
- 유머를 하고 나서 오히려 후회한 적이 많아요.
- 유머를 하면 가벼운 사람으로 비칠까 봐 고민이 돼요.

유머를 알고 있는 것과 이를 재미있게 전달하는 데는 큰 차이가 있다. 재미있게 효과적으로 대화하는 기술은 사람 간의 소통에서 매우 중요한 역할을 한다. 이는 단순히 웃음을 유발하는 것이 아니라 상대방과의 관계를 강화하고, 긴장을 완화시키며, 더 나아가 대화의 흐름을 부드럽게 만드는 데 도움을 준다. 유머를 효과적으로 활용하기 위해서는 몇 가지 원칙을 이해하고 연습해야 한다. 유머스럽게 말하고자 한다면, 다음 5단계를 따라해 보자.

1단계 : 상황 이해와 맥락을 파악하기

유머 있는 대화를 시작하기 전에 우선 상황과 맥락을 잘 이해해야 한다. 여기서 중요한 것은 대화의 분위기, 상대방의 성향 그리고 대화 주제다. 상대방이 어떤 주제를 민감하게 여기는지, 어떤 유머를 선호하는지를 파악하는 것이 중요하다. 우선 분위기를 파악해야 한다. 대화가 진행되는 환경과 상대방의 감정을 고려하라는 것이다. 예를 들어 직장에서 중요한 회의 중이거나 누군가가 심각한 문제로 고민하고 있을 때는 가벼운 유머라도 불편함을 줄 수 있다. 반면에 편안한 자리에서 긴장이 느껴질 때는 가벼운 농담으로 분위기를 부드럽게 만들 수 있다. 또한 유머는 상대방의 성격과 취향에 따라 다르게 받아들여질 수 있다. 그래서 상대가 유머를 좋아하는 사람인지, 아니면 진지한 성격인지 파악하는 것이 중요하다. 유머에 민감한 사람에게는 지나친 농담이 역효과를 낳을 수 있으니 신중하게 접근해야 한다. 나아가 대화의 주제에 따라 적절한 유머를 선택하는 것이 중요하다. 가벼운 일상 대화에서는 누구나 공감할 수 있는 농담을 하는 것이 좋지만, 깊은 철학적 대화나 진지한 이슈를 다룰 때는 직절한 유머를 찾기 어려울 수 있다. 이런 상황에서는 유머 사용을 자제하는 것이 더 낫다.

2단계 : 자연스러운 연결과 타이밍 잡기

모든 대화가 그렇지만 특히 유머는 타이밍이 생명이다. 적절한 순간에 자연스럽게 연결되는 유머는 대화에 활기를 불어넣을 수 있지만, 타이밍이 맞지 않으면 어색함을 유발할 수 있다.

유머를 사용할 때는 대화의 흐름을 잘 파악해야 하고 대화 중 잠깐의 침묵이나 긴장감이 돌 때 분위기를 전환하는 타이밍에 유머를 던지면 효과적이다. 그러나 상대방이 진지하게 무언가를 설명하고 있을 때는 유머가 대화의 흐름을 깰 수 있으므로 주의해야 한다. 또한 유머를 억지로 끼워 넣기보다는 자연스럽게 대화의 흐름 속에서 연결하는 것이 중요하다. 예를 들어 상대방이 했던 말의 흐름을 받아서 재치 있게 반응하거나 방금 일어난 상황을 유머러스하게 해석해주는 것이 좋다. 이렇게 하면 대화가 자연스럽게 이어지고 유머가 어색하지 않게 받아들여진다.

자연스러운 유머를 위해서는 즉흥적으로 반응하는 능력도 중요하지만, 어느 정도의 준비도 필요하다. 익숙한 유머 패턴이나 이야기를 미리 준비해 두면 갑작스러운 상황에서도 당황하지 않고 재치 있게 대처할 수 있다. 그러나 준비한 것을 너무 억지로 꺼내려 하지 말고 상황에 맞게 자연스럽게 꺼내는 것이 중요하다.

3단계 : 자기 비하를 적절하게 유머로 활용하기

자기 비하 유머는 사람들에게 자신을 낮추어 말하며 웃음을 유발하는 형태의 유머인데 이 방식은 상대방에게 친근함을 줄 수 있으며, 본인의 단점을 유머로 승화시켜 대화 분위기를 부드럽게 만들 수 있다. 그런데 자칫 과도하게 사용하면 자신감을 상실한 사람처럼 보일 수 있기에 적당히 그리고 가볍게 사용하는 것이 좋다. 예를 들어 "아, 제가 또 실수를 했네요. 이번엔 몇 초 만에 눈치챘으니 제 기록이군요!" 처럼 자기 실수를 인정하면서도 가볍게 웃음을 줄 수 있는 대화가 적당하다. 또한 자기 비하 유머는 자신을 낮추는 것에 그쳐야지 타인을 불편하게 해서는 안 된다. 본인의 실수나 단점을 웃음으로 승화시키는 데 그치는 것이 좋으며, 상대방을 조롱하는 느낌을 주지 않도록 주의해야 한다. 예를 들어 "저는 정말 방향치예요. GPS가 없으면 집 앞에서도 길을 잃어요!" 같은 유머는 자신에 대한 가벼운 비하로 분위기를 완화시킬 수 있다. 이런 유머는 상대방에게 불쾌감을 줄 가능성이 적기 때문에 상대적으로 안전한 유머에 해당한다. 상대방이 유머를 쉽게 받아들이기 어려운 사람이라면, 이처럼 자신을 대상으로 한 유머를 시도해 볼 수 있다. 이는 상대방에게 자신이 겸손하고 인간적인 사람이라는 인상을 줄 수 있는 장점이 있다.

4단계 : 언어유희와 재치 있는 말장난을 하기

언어유희는 말의 의미나 소리, 철자를 이용해 웃음을 유발하는 방법으로 대화에서 재치 있는 반응을 이끌어내는 데 유용하다. 이 방식은 유머의 기본적인 요소이자 대화에 재미를 너하는 중요한 도구인데 방송에도 많이 등장한다. 흔하기는 이중 의미와 동음이의어를 활용하는 것이다. 한 단어에 여러 의미가 있을 때 이를 이용해 말장난을 할 수 있다. 예를 들어, "제가 어젯밤에 별을 봤는데, 사실은 참 별 볼일 없는 밤이었어요."와 같은 말장난은 대화를 유쾌하게 만들 수 있다. 이와 같은 언어유희는 상황에 따라 적절하게 활용하면 대화에 활기를 불어넣는다.

단어의 소리를 이용할 수도 있다. 단어의 소리가 비슷한 것들을 연결해 유머를 만드는 것도 효과적이다. 이런 유머는 청각적인 즐거움을 주며 대화에 재미를 더할 수 있다. 또한 단어의 철자와 의미를 결합할 수도 있다. 때때로 단어의 철자를 활용해 유머를 만들 수 있는데, 예를 들어 "오늘은 정말 '따뜻한' 하루였어. 그래서 나도 '따뜻'해졌다니까!"와 같은 식으로 말할 수 있다. 이러한 유머는 말의 형식을 재미있게 변형시켜 상대방에게 신선한 재미를 줄 수 있다. 그밖에 언어유희 유머는 다음과 같은 것들이 있다.

"어부들이 가장 싫어하는 어패류는 전복이다. 배가 전복되니까! 가장 축구를 잘하는 어패류는 조기다. 조기축구 선수들이니까! 곰곰이 깊이 생각하는 동물은 곰이다!"

5단계 : 상대방의 반응을 관찰하고 피드백을 반영하기

유머 있는 대화를 효과적으로 유지하기 위해서는 상대방의 반응을 잘 관찰하고, 이를 바탕으로 대화를 조정하는 것이 중요하다. 우선 유머를 듣는 사람들의 반응을 체크한다. 상대방이 웃거나 미소를 지으며 긍정적인 반응을 보인다면 유머가 성공적으로 전달된 것이다. 그러나 만약 상대방이 당황하거나 불편해 보인다면 유머가 적절하지 않았을 수 있으니 이럴 때는 유머를 사용하되 더욱 조심스럽게 접근해야 한다.

상대방의 반응을 기반으로 다음 유머의 강도나 종류를 조절할 수 있다. 상대방이 가벼운 유머에 잘 반응한다면, 유사한 방식의 유머를 계속해서 사용할 수 있고, 반대로 반응이 미적지근하거나 불편함이 느껴진다면 유머의 톤을 조절하거나 주제를 바꾸는 것이 바람직하다. 유머 있는 대화가 재미있다고 해서 지나치게 유머에만 집중하면 대화의 본질이 흐려질 수 있다. 그래서 유머는 대화의 한 요소로서 적절히 사용하고 대화의 주제를 흐트러뜨리지 않는 선에서 균형을 유지하는 것이 중요하다. 유머 스타일의 다양성도 중요한데 같은 패턴의 유머를 반복하면 상대방이 지루해할 수 있으므로 상황에 따라 여러 가지 유머 방식을 시도해 보는 것이 좋다.

유머 있는 대화는 상대방과의 관계를 강화하고 서로 간의 이해를 증진시키며 대화를 더욱 즐겁게 만들어준다. 앞서 제시한 5단계를 통해 유머를 효과적으로 사용하는 방법을 익히면, 누구와의 대화에서도 긍정적인 인상을 줄 수 있을 것이다. 그러나 유머를 사용할 때는 상대방의 감정을 존중하고 상황과 맥락을 잘 파악하며, 대화의 흐름을 깨뜨리지 않는 선에서 자연스럽게 사용해야 한다. 또한 유머의 목표는 상대방에게 웃음을 주는 것뿐만 아니라 서로 간의 신뢰와 친밀감을 쌓는 데 있다는 점을 명심해야 한다.

이러한 원칙을 바탕으로 연습하고 경험을 쌓다 보면, 자연스럽고 효과적으로 유머를 사용하는 능력을 키울 수 있다. 유머는 연습과 경험을 통해 발전할 수 있는 기술이므로, 꾸준히 자신의 유머 감각을 갈고닦아 다양한 대화에서 활용해 보자. 유머는 단순한 웃음을 넘어 사람 간의 진정한 소통을 이끄는 강력한 도구가 될 수 있다.

02.

유머가 논리를
이긴다

어느 회사의 면접장에서 사장이 지원자에게 물었다.

"우리 회사에서 가장 중요한 사람은 누구라고 생각합니까?"

"사장님입니다." 하고 첫 번째 지원자가 말했다.

"고객입니다." 하고 두 번째 지원자가 말했다.

그런데 세 번째 지원자는 이렇게 말했다.

"접니다."

사장은 놀라면서 물었다.

"왜죠?"

그러자 그는 웃으면서 이렇게 말했다.

"제가 없는 회사가 무슨 의미가 있습니까?"

그는 즉석에서 채용되었다.

흔히 논리적인 설명과 설득이 대화나 토론에서 상대방을 이길 수 있는 가장 강력한 무기라고 생각하는 경향이 있다. 하지만 실제로 사람의 마음을 움직이고, 깊이 있는 인상을 남기며, 궁극적으로 승리하는 데 있어서 논리보다 유머가 더 강력한 무기가 될 때가 많다. 유머 감각은 단순히 사람들을 웃게 만드는 것을 넘어 대화의 흐름을 부드럽게 하고, 상대방의 마음을 여는 중요한 열쇠로 작용한다. 그래서 사람들은 유머를 배우고, 유머 있는 사람에게 빠져들고, 유머 한 마디가 백 마디 말을 이긴다고 말한다.

특징1 : 똑똑한 사람도 무장해제 시킨다

논리적 접근은 종종 상대방을 더 큰 논리로 무장하게 만들어 공감을 어렵게 한다. 이성적인 논리와 근거는 이론적으로는 매우 설득력이 있을지 모르지만, 상대방이 이미 확고한 입장을 가졌다면 논리적인 설명은 오히려 방어적인 반응을 초래할 수 있다. 사람들은 자신이 틀렸다는 것을 인정하기 싫어하며, 논리적 반박에 맞서기 위해 더 강한 방어를 할 준비가 되어 있다.

이와는 달리 유머는 상대방의 방어를 무너뜨리는 데 매우 효과적이다. 웃음은 긴장을 풀어주고, 심리적인 벽을 허물어 상대방을 더욱 수용적이고 개방적으로 만든다. 유머를 통해 긴장된 분위기를 완화하면, 상대방은 자연스럽게 자신의 견해를 수정하거나 새로운 아이디어를 받아들일 가능성이 높아진다. 유머는 사람들 사이의 심리적 거리감을 줄이고, 더욱 친밀한 관계를 형성하게 하여 논리적인 설득보다 더 깊은 수준에서 상호작용할 수 있게 하기 때문이다.

특징2 : 유머를 통해 웃으면 기억에 남는다

논리적인 설명은 대개 단순한 정보 전달에 그칠 때가 많다. 물론 논리가 명확하고 잘 정리된 정보는 중요한 역할을 하지만, 시간이 지나면 그 정보는 기억에서 희미해질 수 있다. 반면에 유머는 사람들의 기억에 오래 남는다. 이는 유머가 우리의 감정을 자극하고, 뇌에서 긍정적인 경험으로 저장되기 때문이다. 예를 들어, 어떤 프레젠테이션에서 유머러스한 예시나 농담을 사용한 부분은 시간이 지나도 참석자들의 기억 속에 생생하게 남아 있을 가능성이 크다. 이는 청중이 단순히 정보를 받아들이는 것을 넘어 그 정보를 즐겁게 경험했기 때문이다. 그래서 유머는 단순한 정보 전달을 넘어 그 정보를 오랫동안 기억하게 만드는 강력한 도구로 작용한다.

특징3 : 공감을 이끌어낸다

논리적인 주장은 종종 객관적이고 냉정한 분석에 기초하지만, 유머는 사람들의 감정에 호소한다. 감정은 인간의 행동과 결정에 중요한 영향을 미치며, 유머는 이러한 감정을 자극하여 상대방의 공감을 이끌어낸다. 유머를 잘 사용하면 상대방은 말하는 사람의 입장이나 관점을 더 쉽게 이해하고 받아들일 수 있다. 특히 어려운 주제나 갈등 상황에서는 유머가 긴장을 풀어주고 서로를 이해할 수 있는 다리를 놓는 역할을 한다. 예를 들어 팀 회의 중에 발생한 갈등 상황에서 유머를 통해 분위기를 전환하고 서로의 입장을 더 유연하게 받아들일 수 있는 환경을 조성할 수 있다. 이렇게 유머는 논리로는 얻기 어려운 감정적 연결을 형성하게 해준다.

특징4 : 설득의 힘을 배가시킨다

유머는 단순히 웃음을 유발하는 것에 그치지 않고, 설득력을 배가시키는 역할을 한다. 논리적 주장이 정확하고 타당할지라도 그것이 단조롭고 지루하게 전달된다면 설득력이 떨어질 수 있다. 반면에 유머가 가미된 주장은 청중의 관심을 끌고 그들이 메시지를 더 긍정적으로 받아들이게 만든다. 특히 마케팅에서 유머는 제품이나 서비스의 강점을 더 생동감 있게 전달하는 데 매우 유용하다. 재미있고 기발한 광고는 소비자들에게 강렬한 인상을 남기며, 제품에 대한 호감을 높여준다. 유머가 결합된 설득은 단순한 정보 전달을 넘어서 청중이 그 메시지를 자발적으로 받아들이도록 만든다.

특징5 : 리더십의 중요한 요소다

현대 사회에서 유머 감각은 리더십의 중요한 요소로 간주된다. 유머를 적절히 사용하는 리더는 팀의 사기를 높이고, 긍정적인 조직 문화를 조성할 수 있다. 유머는 직원들 사이의 긴장을 풀어주고, 스트레스를 감소시키며, 창의성과 협업을 촉진한다. 또한 유머를 잘 활용하는 리더는 어려운 상황에서도 팀을 단결시키고, 문제를 해결하는 데 도움을 줄 수 있다. 유머 감각이 뛰어난 리더는 구성원들에게 다가가기 쉽고, 그들의 신뢰와 존경을 얻을 가능성이 크며 나아가 논리만으로는 얻기 어려운 인간적인 연결을 통해 더 강력한 리더십을 발휘한다.

특징6 : 복잡한 메시지를 간결하게 만든다

논리적인 설명이 길어지고 복잡해질수록 청중은 그 메시지를 이해하는 데 어려움을 겪을 수 있다. 그러나 유머는 복잡한 메시지를 간결하고 명확하게 전달하는 데 도움이 된다. 유머는 핵심을 쉽게 이해할 수 있도록 도와주며 복잡한 개념을 요약하는 힘을 가지고 있다. 예를 들어 어려운 개념을 유머러스한 비유나 짧은 농담으로 설명하면 상대방은 그것을 쉽게 이해하고 기억할 수 있다. 이처럼 유머는 복잡한 메시지를 간소화하여 전달하는 데 있어 매우 효과적이다.

03.

AI 시대일수록
유머가 필요하다

어떤 직원이 사장에게 대들었다.

"도대체 제가 무엇 때문에 해고당해야 합니까?"

사장은 자초지종을 설명하기 시작했다.

"자네는 일류대 나왔지?"

"맞습니다."

"열정적이고 머리까지 좋아."

"감사합니다."

"게다가 유머까지 있어. 모든 직원이 자네를 좋아한다네."

"그런데 그런 제가 왜 해고당해야 합니까?"

그러자 사장은 갑자기 소리치며 말했다.

"내 아내가 자네 같은 녀석을 좋아하거든!"

인공지능(AI)의 발전은 직장 환경과 업무 방식에 근본적인 변화를 가져오고 있다. 이러한 변화에 효과적으로 대응하기 위해서는 효율적인 조직 문화와 소통, 공감을 통해 직원들이 새로운 환경에 적응하고 지속적인 성장을 이룰 수 있도록 지원하는 것이 중요하다. AI가 우리 생활과 밀접하게 연관되기 시작하면서 가장 우려하는 부분이 있다. 바로 대인관계, 즉 인간성과 친화력이 떨어진다는 것이다. 로봇이 사람의 손발을 대신해서 노동을 대신하고 인간의 두뇌를 AI가 대신 차지하게 되면서 소통과 공감을 통해서 일하는 시간보다는 혼자 일하는 시간, 독립된 공간에서 일하는 시간, 재택근무가 늘어나면서 같이 일하는 동료들의 소중함을 잊어버리기 쉽기 때문이다.

AI와 함께 일하면서 혹은 AI와 경쟁해야 하는 시대에 인간 고유의 친화력과 다정함, 공감 능력, 유머가 상실된다면, 이것은 AI가 재앙이 될지도 모른다는 또 하나의 경고나 다름없다. 그래서 AI 시대에 유머는 더 경쟁력이 있다고 본다. 유머가 친화력과 창의성을 높이기 때문이다. AI가 일처리의 긍정적인 측면에서는 이루 말할 수 없는 효과를 주지만, 인간의 리더십과 소통 능력을 향상시킬 수는 없다.

인공지능 시대에는 업무 자동화의 가속화 현상이 나타난다. AI는 반복적이고 규칙적인 업무를 자동화하여 인간의 노동을 대체한다. 이는 생산성을 높이고, 직원들이 더 창의적이고 전략적인 업무에 집중할 수 있게 한다. 또한 AI는 방대한 데이터를 분석하고 인사이트를 도출하여 더 정확하고 신속한 의사결정을 지원한다. 데이터 기반의 의사 결정은 비즈니스 전략 수립과 실행에 중요한 역할을 한다. AI 기술의 도입으로 새로운 직무와 기술이 요구되기 때문에 기존의 직무는 재설계되거나 사라질 수 있으며, 데이터 분석, AI 관리, 소프트웨어 개발 등의 새로운 기술을 습득하는 것이 중요하다. 게다가 AI와 디지털 기술의 발전으로 원격 근무와 디지털 협업이 활발해졌고, 이는 물리적 장소에 구애받지 않고 유연한 업무 환경을 조성하게 만든다.

이러한 변화에 효과적으로 대응하기 위해서는 지속적인 학습과 개발, 개방적이고 투명한 소통, 감정적 지지와 공감, 팀워크와 협력 강화, 혁신과 창의성 장려 등의 전략이 필요하다. 이를 통해 직원들이 변화에 적응하고, 조직의 성과를 극대화하며, 행복하고 만족스러운 직장 생활을 영위할 수 있도록 지원하는 것이 중요하다. 그래서 AI 시대일수록 공감 능력과 유머를 통한 소통 능력이 필요하다.

첫째, 관계 지수를 향상시킨다

AI와 함께 일하게 되면서 우리는 자칫 가장 소중한 친화력을 상실할 수 있다. 그래서 친화력을 높이고, 대인관계를 향상시키는 유머는 더욱 소중한 경쟁력이 될 수 있다. 유머는 소통, 공감과 이해를 촉진하여 인공지능 환경 속 사람들의 관계를 개선하는 데 기여한다. 유머는 인간관계를 더욱 따뜻하게 만들기 때문이다. AI가 발달해도 인간 간의 따뜻한 관계는 여전히 중요하다. 게다가 인간과 기계가 함께 공존해 나가는 시대에 인간관계의 필요성과 친화력은 더욱 절실해지고 있다.

둘째, 창의성을 향상시킨다

유머 있는 사람은 창의성이 높고, 창의적인 사람들을 연구해보면 평소에 유머 감각이 뛰어나다는 특징이 있다. 하지만 AI가 인간의 일을 대신 해주기 시작하며 유머와 창의성의 관계가 소실될 수 있다는 경고가 나오고 있다.

유머는 새로운 관점을 제공하고 틀에 박힌 사고방식을 벗어나는 데 도움이 되어 창의성과 문제 해결 능력을 향상시킬 수 있다. 유머 감각은 사고의 유연성을 높이고 새로운 아이디어를 생각해 내는 데 도움이 된다. 그동안 AI는 감성 능력이 부족하고 유머를 구사할 수 없다는 것이 일반적인 견해였으나, 최근 AI는 인간의 유머를 흉내 내고 또 유머로 사람을 설득해나가는 경지에 이르고 있다. 프로이트는 '유머는 인간만이 가질 수 있는 고유하고 신성한 능력'이라고 말한 바 있지만, 그의 견해도 이제 무너지고 있는 듯하다. 그래서 AI 시대일수록 유머 감각이 더 필요하다고 강조한다.

셋째, 문제 해결 능력을 향상시킨다

유머는 긴장감을 풀고 스트레스를 줄이는 데 도움이 된다. 긍정적인 분위기는 생산성과 창의성을 높이고 일터에서 복잡한 문제를 해결하고 방향을 제시하는 데 도움이 된다. 또한 유머는 상황을 다른 관점에서 볼 수 있도록 도와주어 부정적인 생각이나 고정관념을 극복하는 데 도움이 된다.

넷째, 공감 능력을 향상시킨다

유머는 사회적 스킬을 향상시켜 다양한 상황에서 적절하게 반응하는 능력을 키워준다. 이는 AI와 인간이 함께 일하는 일터에서 AI와 대화하고 공감 능력을 나눌 수 있을 때 더 좋은 창의성과 성과를 낼 수 있다. 그래서 이제는 기존의 디지털 시대에 갖고 있던 감성과 유머 능력을 뛰어넘는 공감 능력이 필요하다. 실제로 많은 연구 자료에 의하면, AI로봇이 지배하는 일터에서 공감 능력이 떨어지고 함께 일하는 동료들의 존재에 대한 인식이나 상호작용이 덜하다는 결과가 나왔다. AI가 아무리 뛰어난 능력을 갖고 있다 하더라도 인간적인 소통과 공감 능력을 상실한다면, AI로 인해 얻는 것보다 잃는 것이 더 많은 것이다.

다섯째, 일터에서 유연성을 향상시킨다

유머는 변화하는 환경에 적응하고 새로운 상황에 유연하게 대처하는 데 도움이 된다. 유머러스한 태도는 어려움 속에서도 희망을 가지고 긍정적인 에너지를 유지하도록 한다. 또한 AI와 함께 일하는 환경에서도 유머는 예상치 못한 상황에 긍정적으로 대처하고 AI의 오류나 한계를 이해하는 데 도움이 될 수 있다.

인공지능 기술이 빠르게 발전하면서 직장 환경과 업무 방식은 큰 변화를 맞이하고 있으며, 이 변화 속에서 커뮤니케이션 능력은 더욱 중요해지고 있다. AI는 많은 데이터를 분석하고 효율성을 높이는 데 도움을 주지만, 복잡한 문제 해결과 창의적 사고에는 인간의 협업이 필수적이다. 팀원 간의 원활한 소통은 다양한 아이디어와 관점을 공유하고, 협력하여 최적의 해결책을 도출하는 데 필요한데 이 과정에서 커뮤니케이션 능력이 중요하다. 하지만 AI는 감정이나 인간의 복잡한 심리를 이해하는 데 한계가 있다. 게다가 원격 근무와 디지털 협업이 보편화되면서, 디지털 플랫폼을 통한 소통도 증가하고 있다. 이러한 환경에서는 비대면 커뮤니케이션이 중요한 역할을 한다. 이메일, 화상 회의, 메시징 앱 등 다양한 도구를 효과적으로 활용하여 명확하고 일관성 있는 메시지를 전달하는 능력이 필요하다.

효과적인 커뮤니케이션 능력은 AI가 대체할 수 없는 인간 고유의 능력으로, 직장에서의 성공과 조직의 지속 가능한 성장을 위해 필수적이다. AI 시대, 모든 것이 기계적으로 변해갈 수 있다는 우려 속에 인간성과 부드러움을 잃지 않고 일터에서 혹은 대인관계에서 유머스러운 태도를 유지하는 것은 삶의 품격을 유지하는 길이기도 하다. 유머는 우리의 부족함을 채워주고 성장시키기 때문이다.

04.

유머는
적을 만들지 않는다

매일 텔레비전에 얼굴이 나오는 꽤 유명한 정치인이 어느 날 지역
구 유치원을 방문했다.

원생들은 손뼉을 치며 환영했다. 어린 새싹들의 밝은 모습을 본 그
는 흡족해하며 아이들을 향해 물었다.

"여러분, 내가 누구인지 알아요?"

"네, 국회의원이요!"

그러자 그는 유치원생마저 자신을 알아보는 것에 아주 만족해하며
재차 물었다.

"그러면 내 이름이 뭔지 알아요?"

그러자 아이들은 하나같이 큰 소리로 외쳐댔다.

"저 자식이요!"

순수한 아이들의 입에서 이런 단어가 거침없이 나올 수 있는 것은 어른들이 TV를 보며 무심코 던진 "저 자식 또 나왔네." 하는 말 한 마디가 아이들에게 그대로 전염된 것이다. "인간은 말을 만들고 말은 인간을 만든다."라고 할 어반(Hal Urban)은 말했다. 자칫 인간이 말(馬)보다도 말을 못 하는 동물로 전락하지 않을까 걱정이다.

말을 잘하는 것도 중요하지만, 신뢰감을 주는 것은 더 중요하다. 더욱이 재미있게 말을 한다면 이 얼마나 호감을 주는 언어 습관이겠는가. 우리가 정치인을 믿지 못하는 것처럼 사회가 서로를 믿지 못하는 풍토로 변해가는 것은 나쁜 말 습관이 미친 영향이 크다. 그러니 좀더 부드럽고 감성적이며, 재미있는 언어를 구사한다면 그만큼 더 살기 좋은 사회가 될 수 있을 것이다.

지난 30년간 대학과 기업체, 사회단체, 관공서, 주부 등을 대상으로 유머 커뮤니케이션 강의를 하면서 느낀 공통점은 스스로 자신 있게 말을 잘한다고 하는 사람이 거의 없다는 것이다.

우리는 늘 말하는 문제에 대하여 고민하고 있다. 그러면서 그들 중 일부는 "왜 대학이나 초·중·고등학교에서는 가장 기본적이면서 중요한 말하기 기술을 가르치지 않는지 이해가 되지 않는다."라고 말한다. 성인이 되어서야 바쁜 일과를 쪼개며, 심지어 기업에서는 많은 시간과 비용을 지불하며, 말하기를 가르치고, 훈련시킨다. 대화가 곧 리더십이며, 업무이고, 24시간을 지탱해주는 에너지이기 때문이다. 그러니 말을 잘하는 사람은 그만큼 훌륭한 리더십을 발휘하는 것이며, 말을 못 하는 사람은 뒤처질 수밖에 없다. 나는 이들과 함께 말을 주제로 강의하면서 이런 결론을 내릴 수 있었다.

'말은 곧 리더십이다.'

리더십이란 원하는 것을 얻는 일이며, 구성원들을 설득하여 미래를 향해 나가는 것이다. 여기서 설득의 힘을 잃으면, 리더십을 발휘할 수 없음은 자명한 일이다. 그러나 태어나면서부터 말을 잘하는 사람은 없다. 또 저절로 말을 잘하는 것도 아니다. 늘 잘하려고 노력해야 한다. 이런 관심과 노력이 당신을 달변가로 만들 것이다.

많은 사람이 '자기의 언어'를 포기하고 '남의 언어'를 빌려 쓴다. 말을 잘한다는 것은 자신의 개성과 사상을 드러내는 것이지, 타인의 입을 빌려 자기 말을 전달하는 것은 아니다. 그러니 복잡한 시대일수록 '자기 언어'를 가질 수 있어야 한다. 말을 배우는 것은 타인의 말을 흉내 내는 것이 아니라, 자기 고유의 언어 감각을 살리고 자기 말을 계발하는 것이다. 남의 말만 따라 하는 것은 자칫 앵무새처럼 흉내 내는 것에 그칠 수 있다. 아무리 앵무새가 예쁜 소리로 말해도 말 잘한다고 하는 사람은 없다. 그저 '사람 흉내 잘 내는 놈'일 뿐이다.

다음 네 가지 공은 튀는 방식이 다르다. 그래서 흔히 사람의 유형에 비유하기도 한다. 당신은 어떤 공을 좋아하는가. 당신이 좋아하는 공이 바로 당신이 말하는 방식을 보여준다.

첫째, 볼링형이다. 이는 일방적으로 말하는 사람을 말한다. 자기 방식대로 공을 던지고 스트라이크가 되면 파이팅을 외치고, 골에 빠지면 공을 나무라는 스타일이다. 상대방을 배려하지 않고 제 목소리만

내고 혼자 떠들며 제 방식대로 말하는 사람이 볼링형이다. 권위주의자가 여기에 해당한다.

둘째, 럭비형이다. 럭비공은 어디로 튈지 모르는 특성이 있다. 신나게 말하는데 만날 때마다 말하는 방식이 다르고, 상황에 따라 카멜레온 식으로 변하는 스타일이다. 한 마디로 예측이 불가능한 유형이다. 종잡을 수 없는 스타일이기 때문에 상대는 늘 경계하고 신뢰하지 못한다. 기회주의자가 여기에 해당한다.

셋째, 골프형이다. 골프를 치는 사람은 한 치의 오차도 없이 측정하고 분석하여 스윙한다. 한 타가 모든 것을 결정하기 때문이다. 너무 정확하고 예리하여 상대하기가 버겁다. 게다가 골프공에 잘못 맞으면 뇌진탕에 걸릴 수도 있다. 원리원칙주의자가 여기에 해당한다.

넷째, 탁구형이다. 탁구공은 늘 상대와 함께 '윈-윈' 하는 쌍방형 소통 방식이다. 독백이 아니라는 것을 말해준다. 소통의 시대에 가장 잘 어울리는 유형이다. 공감주의자가 여기에 해당한다.

당신은 어떤 공을 칠 것인가? 지금 당장 결정해 보자.

05.

유머는
소통의 첫 번째 법칙이다

미국인이 충청도 지방을 여행하다가 이발소를 찾았다. 순간 당황한 이발사는 영어를 못해 어찌할 바를 몰랐다. 잠시 망설이다 용기를 내어 충청도 사투리로 말했다.

"왔시유?"

그러자 미국인은 서투른 영어로 "What see you?"라고 말하는 줄 알고 이렇게 대꾸했다.

"Mirror(거울)."

이발사는 그냥 밀라는 줄 알고 그의 머리를 박박 밀어 버렸다.

이처럼 소통이 되지 않으면 늘 고통이 따른다. 나는 그동안 대학과 산업체에서 '말맹 탈출하기, 말만 바꿔도 인생이 달라진다'라는 강의와 워크숍을 진행하면서 다음과 같은 공식을 얻었다. '경질설 = (경청

+질문+설득)×유머', 말은 수학이다. 수학은 복잡한 것처럼 보이지만, 그 구조를 알면 누구나 쉽게 풀어나갈 수 있다. 지금부터 당신의 혀 속에 숨겨진 그 마법의 수를 찾아라. 수학은 공식의 연속이다. 그러니 그 공식만 제대로 대입하면 어떠한 문제도 쉽게 풀어갈 수 있다. 대부분 대화가 실패하고, 상대를 설득하지 못하는 이유는 이런 하찮은 공식을 무시하기 때문이다. 다음은 '경질설'의 핵심인 3단계 과정이다.

첫째, 말하기 전에 먼저 들어라.
둘째, 설득하기 전에 먼저 질문하라.
셋째, 상대의 마음이 열린 상태에서 설득하라.

간단하지만, 이것이 대화의 마법 공식이다. 대부분 사람은 설득하려고 성급함을 보인다. 그러면 상대는 문을 닫고 자기 방어 논리로 나온다. 그렇게 되면 원하는 협상이나 설득을 하기는 어렵다. 게다가 대화 중 상대방의 관심사에 대하여 적절하면서 예리한 질문 기술이 필요하다. "헤어스타일이 멋집니다."와 같이 앞뒤 안 가리고 칭찬하는 것은 오히려 아부로 보일 수 있고 식상함을 줄 수 있다. 그러나 "그 머리 어느 미용실에서 하셨죠? 그 미용실을 소개시켜 줄 수 있나요?"라고 하면 당신의 머리가 멋져 보인다는 의미로 기분을 좋게 하면서, 자신이 단골로 가는 미용실에 대해 열변을 토하게 유도할 수 있다. 또한 차분히 듣는 것은 습관의 문제다. 치열한 경쟁과 갈등 속에 살다보니 언제부턴가 우리는 상대방의 말에 귀 기울여주는 배려심을 잃고 산다. 뭔가 목소리가 커야 하고 공격적인 말을 쏟아내야 직성이 풀리고 말을 잘하는 것처럼 보인다. 하지만 이것은 허상일 뿐이다. 이런 사람에게 누가 마음을 열고 속내를 털어놓겠는가?

나도 처음에는 '말맹'이었고 듣기보다는 말하기에 신경 썼고, 질문하는 기술이 부족하여 원하는 것을 제대로 얻지 못했다. 그런데 '경질설' 법칙을 지키기 시작하며 조금씩 변하기 시작했다. 또한 강의를 듣는 대부분 사람이 갖고 있는 대화 부족의 문제를 '경질설'이라는 간단한 공식을 통해서 극복하는 것을 경험했다. 그래서 어떤 대화에서도 '경질설' 3단계 공식을 대입한다면, 누구나 설득력의 대가가 될 수 있을 것이다.

워크숍을 진행할 때마다 수강생들에게 던지는 질문이 하나 있다. 이 대답을 듣고 나면 많은 수강생이 고개를 끄떡이며 '경질설'을 받아들인다. 그 질문은 바로 이것이다.

"이쑤시개 하나를 가지고 코끼리를 죽이는 방법은 몇 가지나 될까?"

좀 엉뚱하고 뚱딴지같은 소리이지만, 이 책에서 말하고자 하는 소통의 시대에 유능한 리더는 쉽고 재미있게 말하는 유머 설득의 법칙에서 답을 찾을 것이다.

첫 번째는 한 번 찌르고 죽을 때까지 기다리는 것이다. 언제 죽을지 모르니 기다리는 인내심이 필요하다. 경청도 이와 같다. 인내심을 가지고 들을 수 있는 준비가 필요하다. 대부분 경청에 실패하는 이유는 듣기의 인내가 부족하여 중간에 말을 가로챈다거나 자기의 말을 밀어붙이는 데 있다.

두 번째는 죽기 바로 전에 찌르는 것이다. 코끼리가 언제 죽을지를 분석하여 그 타이밍을 잡아야 한다. 질문 기술도 이와 같다. 죽기 바로 전에 찔러야 코끼리를 죽일 수 있는 것처럼 질문 또한 타이밍을 잡아야 효과를 볼 수 있다. 질문이란 순간 포착 기술이며, 그 시간대를 어떻게 파고들어 가는가에 달려 있다.

세 번째는 죽을 때까지 찌르는 것이다. 이쑤시개 하나로 덩치 큰 코끼리를 죽이기에는 부담스러운 일이다. 하지만 온 힘을 다하여 죽을 때까지 집중력을 발휘할 수 있다면 언젠가는 죽일 수 있다. 이것은 설득 기술에 해당한다. 원하는 것을 얻기 위해서는 다양한 설득 기술이 필요하다. 코끼리의 여기저기를 찔러서 결국 쓰러트리듯 전략적인 설득 기술을 터득할 수 있다면, 어떤 상대에게서도 원하는 것을 얻을 수 있다.

네 번째는 간지럼을 태워서 웃게 만들어 죽이는 것이다. 작은 이쑤시개 하나로 코끼리의 여러 부위를 건드려서 웃겨 버리면, 결국 덩치 큰 코끼리도 두 손을 들고 말 것이다. 이것은 대화에서 유머 기법을 말하는 것이다. 간지럼 태우는 것은 공감대를 형성하는 것이며, 감성을 자극한다. 세상에 코끼리가 웃다가 죽는다니! 이는 아무리 경청, 질문, 설득 기술이 뛰어나도 유머가 빠지면 좋은 대화 기술이라 할 수 없음을 말해준다.

여기서 이쑤시개란 대화 기술을 의미한다. 작은 이쑤시개로 덩치 큰 코끼리를 쓰러트리는 것은 바로 촌철살인(寸鐵殺人)의 언변술을 말한다. 이 법칙이 이 책에서 주장하는 '경질설'이다. 즉 경청하고 질문하며 그리고 설득하라는 것이다. 아마 당신이 협상이나 대화에 실패한 경험이 있다면 무조건 설득하려 들었기 때문이다. 그것은 수학 문제를 받아놓고 사지선다형 답을 미리 들여다보고 찍는 것과 다를 바 없다. 물론 25%는 맞을 가능성이 있다. 하지만 부부 관계나 직장 생활, 특히 비즈니스 협상에서 당신이 던지는 설득 기술이 25%밖에 효과가 없다면 당신은 곧 지구를 떠나든가 아니면 그저 벙어리로 살든가 선택해야 할 것이다. '말맹'은 어디서든 대접을 못 받는 세상이다. 하지만 한 가지 방법이 있다. 유머 있게 말하는 법을 배우면 된다. 때로는 유머 한 마디가 백 마디 말을 이긴다.

06.

사람들을 내 편으로 만드는 6가지 유머의 법칙

"속보입니다."

낮잠 자던 할머니는 놀라서 벌떡 일어났다.

"오늘 오후 2시 담벼락 밑에서 작업 중이던 남녀 인부 두 명이 크레인에 깔려 숨지는 사고가 발생했습니다."

이 뉴스를 듣던 할머니는 한심하다는 듯이 말했다.

"애비야, 요즘은 대낮에 저렇게 드러내놓고 작업한다냐!"

우리는 왜 유머 있는 사람에게 끌리고 호감을 갖는 것일까? 유머는 단순한 웃음 이상의 의미를 가지며, 인간관계에서 매우 중요한 역할을 한다. 유머를 사용하는 사람들은 종종 주변 사람들로부터 긍정적인 반응을 얻고, 강한 사회적 유대감을 형성한다. 우리가 유머 있는 사람에게 끌리는 이유를 다양한 관점에서 살펴보자.

첫째, 긍정적인 감정을 불러일으킨다

유머는 사람들을 웃게 만들며, 웃음은 스트레스를 해소하는 데 큰 도움이 된다. 스트레스가 많은 현대 사회에서 사람들은 자연스럽게 긴장감을 해소해 줄 대상을 찾는다. 유머를 사용하는 사람들은 대화를 가볍고 즐겁게 만들기 때문에 주변 사람들은 그들과 함께 있을 때 편안함과 안도감을 느낀다. 이는 사람들이 유머 있는 사람에게 끌리는 중요한 이유 중 하나다. 웃음은 신체적으로도 긍정적인 효과를 준다. 웃음은 엔도르핀과 같은 행복 호르몬의 분비를 촉진시켜 기분을 좋게 만들고, 이러한 감정적 반응은 유머 있는 사람과의 상호작용을 즐겁게 만들어, 그들과 함께 시간을 보내고 싶다는 욕구를 강화시킨다. 또한 유머는 사람들 사이에서 긍정적인 분위기를 조성한다. 대화할 때 유머가 섞인 말 한마디는 분위기를 전환시키고 대화의 흐름을 더 부드럽고 자연스럽게 만들어준다. 처음 만나는 사람들과의 대화에서 유머는 어색함을 해소하고, 신뢰와 친밀감을 더 쉽게 쌓을 수 있게 하며, 이는 사람들이 유머 있는 사람을 더 쉽게 받아들이고 호감을 느끼게 만드는 중요한 요인이다.

둘째, 뇌를 부드럽게 하며 창의성을 자극한다

유머는 단순한 농담이 아니라 상황을 빠르게 파악하고, 그것을 창의적으로 표현하는 능력이다. 이러한 능력은 지능과 관련이 있는데 유머를 잘 사용하는 사람들은 대개 상황을 명확하게 이해하고 그것을 재치 있게 표현할 수 있는 능력이 있다. 이러한 능력은 타인에게 매력적으로 보이며 유머 있는 사람을 더 똑똑하고 유능한 사람으로 인식하게 만든다.

심리학자들에 의하면 사람들은 무의식적으로 지능이 높은 사람에게 끌리게 되어 있다. 그래서 유머를 잘 사용하는 사람들은 그들의 지능을 자연스럽게 드러내며 이는 상대방에게 큰 매력으로 작용한다. 또한 유머는 종종 창의적인 사고의 산물이다. 예상치 못한 상황에서 웃음을 유발하는 발상은 창의력에서 비롯된다. 창의적인 사람들은 독특한 관점을 가지고 있으며, 이를 통해 새로운 방식으로 문제를 바라보고 해결할 수 있다. 유머를 잘 구사하는 사람들은 이러한 창의적인 사고를 대화나 행동을 통해 드러내며 이는 다른 사람들에게 신선함과 즐거움을 준다.

셋째, 사회적 유대감을 강화한다

유머는 사람들 간의 사회적 유대감을 강화하는 데 중요한 역할을 한다. 특히 공동체나 그룹 내에서 유머를 사용하면 구성원들 사이에 소속감을 형성할 수 있다. 함께 웃어본 경험이 있으면 사람들은 자신을 그룹의 일부로 느낀다. 유머를 공유하는 것은 사람들 간의 신뢰와 결속을 강화하며, 집단 내에서의 위치를 확고히 하게 돕는다. 유머를 통해 사람들은 공통의 경험을 나누고 함께 웃음으로써 서로 간의 신뢰를 쌓는다. 이는 사람들이 유머 있는 사람에게 끌리게 만드는 중요한 이유 중 하나다.

또한 유머는 갈등 상황에서 긴장을 완화하고 상대방과의 관계를 개선하는 데 도움을 준다. 대화의 분위기를 전환하고 갈등이 격화되는 것을 방지하는 역할을 하기 때문이다. 예를 들어, 논쟁 중에 유머를 적절하게 사용하면 상대방의 방어벽을 낮추고 문제를 더 건설적으로 해결할 기회를 제공한다. 유머를 사용하여 갈등을 해결할 수 있는 능력이 있는 사람은 더욱 매력 있어 보인다. 그들은 단순히 웃음을 주는 것을 넘어 실제로 어려운 상황에서 도움을 줄 수 있는 사람임을 보여주기 때문이다.

넷째, 신뢰와 존경을 이끌어낸다

유머를 잘 사용하는 사람들은 대개 자신감이 넘친다. 유머는 자신에 대한 믿음과 여유가 있어야 가능하며, 이를 통해 사람들은 자신감을 드러내는데 자신감 있는 사람들은 주변 사람들에게 신뢰를 주며, 그들의 말이나 행동에 더 큰 설득력을 가진다. 또한 유머는 사람들에게 자신이 상대방의 반응을 잘 이해하고 있다는 신호를 보낸다. 이는 상대방에게 더 큰 신뢰를 주며 유머를 사용하는 사람에 대한 존경심을 높인다. 유머는 단순한 농담이 아니라 상대와의 깊이 있는 이해와 교감을 나타내는 방법이기도 하다.

다섯째, 리더로서 신뢰와 존중을 이끌어낸다

유머는 리더십에서 매우 중요한 요소로, 유머를 적절히 사용하는 리더는 팀 내에서 긍정적인 분위기를 조성하고 팀원들의 사기를 높이며, 어려운 상황에서도 침착하게 대처할 수 있는 능력을 보여준다. 이는 리더로서의 신뢰와 존경을 얻는 데 중요한 역할을 한다. 또한 사람들은 유머 있는 리더를 따르는 것을 더 선호한다. 유머가 리더와 팀원들 간의 거리를 좁히고 상호 이해와 존중을 바탕으로 한 협력적인 환경을 조성하기 때문이다.

이처럼 유머를 잘 사용하는 사람들은 주위 사람들에게 긍정적인 인상을 남기며, 그들의 사회적 네트워크에서 중요한 위치를 차지하게 된다. 그래서 사람들은 유머를 통해 다른 사람들에게 호감을 얻고 그들의 사회적 위치를 강화할 수 있다.

여섯째, 인간관계에서의 매력도를 높인다

매력적인 대화는 인간관계에서 매우 중요하며, 유머는 이를 완성하는 중요한 요소다. 유머를 사용하는 사람들은 대화를 더 흥미롭고 즐겁게 만들며 상대방에게 긍정적인 인상을 남긴다. 이는 자연스럽게 그들과의 관계를 더 깊게 만들고 상대방이 그들과 함께 있는 것을 즐기게 만든다. 유머가 포함된 대화는 상대방의 감정을 자극하고 그들과의 공감대를 형성하는 데 효과적이다. 유머를 통해 상대방의 마음을 사로잡는 것은 인간관계에서 큰 장점으로 작용하며, 이는 사람들이 유머 있는 사람에게 끌리는 중요한 이유 중 하나다.

07.

직장에서 성공하는
유머의 규칙 15가지

아침에 출근하자마자 박 팀장이 심각한 표정을 지으며 여직원에게
말했다.

"김대리 아버지는 도둑이셨나 봐요?"

황당한 여직원은 따지듯이 물었다.

"아침부터 무슨 말씀하시는 거예요?"

그러자 박 팀장은 웃으면서 말했다.

"하늘의 아름다운 별을 훔쳐다 김대리 눈에 심으셨잖아요."

기업에 나가서 특강을 하다 보면 별의별 일을 다 겪는다. 특히 유
머 대화법을 가지고 강의를 할 때는 앞뒤가 안 맞는 비정상적인 일이
생겨서 당황할 때가 한두 번이 아니다. 예를 들어, 강의 시간에 본인
이 알고 있는 유머 한 가지씩만 돌아가면서 이야기하라고 할 때 제대

로 자신의 유머를 팀원들 앞에 나와서 발표하는 사람을 찾아보기 어렵다. 혹시 자기 유머가 오히려 비웃음을 사고 나아가 아무도 웃지 않으면 어쩌나 하는 두려움 때문인 것 같다. 그런데 놀라운 것은 교육이 끝나고 같이 회식할 때다. 나름대로 자기만의 유머를 늘어놓는데 배꼽 빠지게 웃고 뒹굴 때가 있다. 하지만 그들이 사용하는 유머는 거의 다 직장에서 사용할 수 없는 성을 소재로 한 야한 이야기이거나, 남을 비하하거나 스트레스 푸는 데 사용되는 블랙 유머에 지나지 않는 것들이었다. 이런 유머를 직장에서 잘못 사용했다가는 오히려 봉변을 당하기 십상이고, 자칫 성희롱으로 몰릴 수도 있다. 직장에서 성공적으로 유머를 활용하기 위해서는 몇 가지 중요한 규칙을 따라야 한다.

규칙1 : 유머를 하는 이유를 분명히 하자

유머를 사용할 때 가장 먼저 고려해야 할 것은 그 목적이다. 유머는 직장에서 여러 가지 목적을 가질 수 있다. 긴장을 완화하고, 팀원 간의 결속을 다지며, 복잡한 문제를 쉽게 설명하고, 사람들의 관심을 끌고, 긍정적인 분위기를 조성하는 데 사용할 수 있다. 이러한 목적을 명확히 이해하고, 유머를 사용할 때 항상 그 목적에 부합하도록 노력해야 한다. 친목 모임이나 친구들 모임이 아니기에 직장에서의 유머는 단순히 사람들을 웃기기 위한 유머보다는 명확한 목적을 가지고 사용하는 것이 성공적인 유머의 첫 번째 규칙이다.

규칙2 : 상황과 맥락을 잡자

유머는 그 상황과 맥락에 따라 전혀 다르게 받아들여질 수 있다. 같은 유머라도 어떤 상황에서는 긍정적으로 받아들여질 수 있지만, 다른 상황에서는 부적절하게 여겨질 수 있다. 예를 들어 긴급한 문제를 논의하는 회의 중에 가벼운 농담을 던진다면, 이는 분위기를 완화하기보다는 오히려 문제의 심각성을 경시하는 것처럼 보일 수 있다. 그래서 유머를 사용하기 전에 상황을 신중하게 고려하고 그 맥락에 적합한 유머를 선택하는 것이 중요하다.

규칙3 : 듣는 대상을 제대로 파악하자

직장에서는 다양한 배경, 성격, 가치관을 가진 사람들이 함께 일하기 때문에 모든 사람이 같은 유머를 동일하게 받아들이지 않는다. 유머를 사용할 때는 듣는 대상이 누구인지 그들의 성향과 선호도를 파악하는 것이 중요하다. 특히 새로운 동료나 상사와의 첫 만남에서는 가벼운 유머부터 시작하고 상대방의 반응을 살피며 점차 유머의 강도를 조절하는 것이 바람직하다. 하지만 상사와 대화 중에 유머를 사용할 때는 신중에 신중을 기해야 한다. 상사가 보수적이거나 이해력이 부족한 사람이라면 예의가 없다고 오해할 수 있기 때문이다.

규칙4 : 상대방을 존중하고 배려하는 자세를 갖자

유머는 상대방을 존중하고 배려하는 마음에서 나와야 한다. 직장에서 다른 사람을 비하하거나 조롱하는 유머는 절대 금물이다. 이는 단순히 갈등을 유발하는 수준을 넘어서 직장 내에서의 신뢰와 관계를 심각하게 훼손할 수 있다. 유머가 누군가를 웃게 하는 동시에 다른 누군가를 불편하게 만들지는 않는지 항상 신중해야 한다. 특히 특정 개인이나 그룹을 타깃으로 한 유머는 불쾌감을 줄 수 있으므로 피하는 것이 좋다.

규칙5 : 자기 비하적인 유머를 적절히 사용하자

자기 비하적 유머는 직장에서 안전하게 사용할 수 있는 유머 중 하나다. 자신을 가볍게 비하하는 유머는 상대방에게 친근감을 주고 자신의 인간적인 면모를 드러내는 데 도움이 된다. 그러나 자기 비하적 유머도 지나치면 부정적인 인상을 줄 수 있다. 자신의 약점이나 실수를 웃음거리로 만들되 그것이 자신의 능력이나 자존감을 훼손하지 않도록 주의해야 한다.

규칙6 : 문화적 민감성을 고려하자

글로벌한 직장 환경에서는 다양한 문화적 배경을 가진 사람들이 함께 일한다. 그래서 문화적 차이를 고려하지 않고 던진 유머가 오해를 불러일으킬 수 있다. 예를 들어, 일부 문화에서는 특정한 유머가 자연스럽게 받아들여지지만, 다른 문화에서는 불쾌하거나 무례하게 여겨질 수 있다. 그래서 직장에서 유머를 사용할 때는 문화적 차이에 민감하게 반응해야 한다.

규칙7 : 쌍방 소통이 되는 유머를 하자

자신의 유머가 어떻게 받아들여지는지 상대방이 어떤 반응을 보이는지를 잘 살펴야 한다. 만약 상대방이 불편해하거나 유머를 이해하지 못하는 것 같다면, 그 즉시 주제를 바꾸거나 농담을 중단하는 것이 좋다. 상대방의 반응에 민감하게 대응하고, 필요할 때는 적절한 설명을 덧붙이거나 사과하는 것이 바람직하다. 이는 상대방에 대한 존중을 보여주며 불필요한 오해를 방지하는 데도 도움이 된다.

규칙8 : 유머를 통해 긍정적인 변화를 촉진하자

유머는 긍정적인 변화를 촉진하는 도구로 사용할 수 있다. 예를 들어, 직장에서 유머를 통해 스트레스를 해소하거나 어려운 상황에서도 긍정적인 태도를 유지할 수 있다. 또한 유머를 통해 팀원들이 더 가깝게 느끼는 창의적인 아이디어를 끌어낼 수 있다. 이러한 방향으로 유머를 사용하면 직장 내에서 유머가 단순한 즐거움을 넘어서 팀 전체의 성과와 만족도를 높이는 중요한 요소로 작용할 수 있다.

규칙9 : 적절한 타이밍과 장소를 선택하자

유머의 효과는 그것을 사용하는 시기와 장소에 크게 좌우된다. 잘못된 타이밍이나 장소에서 사용된 유머는 오히려 역효과를 낼 수 있다. 예를 들어 중요한 프로젝트의 마감이 임박한 상황에서 가벼운 농담을 던지면 팀원들이 이를 집중력 방해로 느낄 수 있다. 반면에 긴 회의가 끝나고 자연스럽게 이어지는 대화에서의 유머는 긴장된 분위기를 풀어주는 역할을 한다. 그러니 유머를 사용할 때는 항상 현재 상황의 분위기와 맥락을 고려해야 한다.

규칙10 : 간결하고 핵심이 있는 유머를 하자

유머는 간결하고 명확할 때 가장 효과적이다. 이해하기 어려운 유머는 상대방을 혼란스럽게 만들고 의도한 바를 전달하지 못하게 한다. 직장에서의 유머는 특히 신속하게 이해될 수 있도록 간결하게 표현해야 한다. 또한 전달 과정에서 오해가 생기지 않도록 유머의 의도를 분명히 하고 말투와 표정을 적절히 조절하여 상대방이 농담임을 쉽게 인식할 수 있게 해야 한다.

규칙11 : 비판적인 유머는 삼가자

비판적인 유머, 특히 누군가의 행동이나 성격을 겨냥한 농담은 갈등을 일으킬 수 있다. 이러한 유머는 상대방을 방어적으로 만들고 직장 내 관계를 악화시킬 수 있다. 그러니 직장에서 유머를 사용할 때는 비판적이거나 공격적인 내용보다는 긍정적이고 유쾌한 내용을 중심으로 한 모두가 편하게 웃을 수 있는 유머를 선택하는 것이 좋다.

규칙12 : 유머를 통해 팀워크를 강화하자

유머는 팀워크를 강화하는 강력한 도구가 될 수 있다. 팀원들 사이의 결속을 다지고 공동의 목표를 위해 협력하는 분위기를 조성하기 위해 유머를 전략적으로 활용할 수 있다. 예를 들어, 팀빌딩 활동이나 워크숍에서 유머를 사용하여 긴장을 풀고 서로를 더 잘 이해할 수 있는 기회를 제공할 수 있다.

규칙13 : 유머를 통해 리더십을 키우자

리더십에서 유머는 매우 중요한 역할을 한다. 유머를 적절히 사용하는 리더는 팀원들에게 더 가까이 다가갈 수 있으며 신뢰를 쌓고 긍정적인 영향을 미칠 수 있다. 리더가 유머를 사용할 때는 자신을 낮추고 팀원들과의 관계를 강조하는 방식으로 사용하는 것이 효과적이다.

규칙14 : 유머로 갈등을 풀자

갈등 상황에서 유머를 사용하는 것은 매우 신중해야 하지만, 잘 사용하면 긴장을 풀고 문제를 해결하는 데 도움이 될 수 있다. 이때 유머는 상대방의 입장을 존중하면서도 상황을 지나치게 심각하게 만들지 않는 데 초점을 맞춰야 한다. 양측의 입장을 중립적으로 다루면서도 그 상황의 웃음거리를 찾아내는 유머는 갈등을 완화하고 대화를 재개할 수 있는 기회를 만든다.

규칙15 : 유머로 직장 내 스트레스를 극복하자

직장 생활에서 스트레스는 피할 수 없는 요소 중 하나다. 스트레스가 쌓였을 때 가벼운 유머를 통해 분위기를 전환하고 팀원들이 잠시나마 긴장을 풀 수 있는 시간을 제공하는 것이 중요하다. 이는 팀의 전반적인 생산성과 만족도를 높이는 데 기여할 수 있으며, 장기적으로 긍정적인 직장 문화를 형성하는 데 도움이 된다.

직장에서 유머는 사람들 간의 관계를 강화하고, 긍정적인 환경을 조성하는 데 중요한 역할을 한다. 이러한 규칙들을 준수한다면 유머는 직장 내에서 긍정적인 변화를 촉진하고 더 나은 협력과 성과를 이루는 데 큰 도움이 될 것이다.

08.

유머를 이기는
언어는 없다

케네디 대통령이 우주비행사에게 공로 메달을 수여할 때의 일이다.
우주비행사가 메달을 건네받는 순간 실수로 놓쳐 땅에 떨어지며
'쨍' 하고 소리를 내며 굴러갔다. 주변은 찬물을 끼얹은 듯 조용해졌
다. 이때 케네디는 메달을 다시 주어서 목에 걸어 주며 이렇게 말했다.
"하늘에서 온 용사에게 땅으로부터 메달을 드립니다."
그러자 박수와 함성이 울려 퍼졌다.

세상 사람들을 내 편으로 만들고 내가 원하는 것을 쉽게 얻을 수 있
는 비결이 있다면, 그것은 설득의 힘일 것이다. 내 주장과 의견, 계획,
비전을 가지고 누군가를 설득할 수 있는 사람만이 자기가 원하는 주
도적인 삶을 살 수 있다. 설득하지 못하면 누군가에게 설득당한다는
뜻이며, 이는 주체적인 삶이 아닌 끌려가는 삶을 살게 한다. 지금 이

글을 읽고 또 많은 시간을 투자해서 말하는 공부를 하는 것도 단지 성공하기 위해서라기보다 주도적인 삶을 통해서 성장하기 위한 과정일 것이다. 그것이 바로 설득력이다.

"내가 오늘 이 자리에 설 수 있었던 것은 유머 덕분입니다."

아인슈타인이 노벨상을 받는 자리에서 말한 수상소감이다. '웃음은 기호품이 아니라 주식이다.' 탈무드에 나오는 말이다. 프로이트는 "유머란 인간만이 가질 수 있는 가장 고상한 재능"이라고 말했다. 0.2% 밖에 안 되는 인구가 노벨상의 30%를 휩쓴 유대인은 영재교육에 유머 교육을 넣었다. 그래서인지 요즘 혁신적인 리더들은 유머를 배워 창의, 혁신 리더십을 열기 위해 노력하고 있다. 천재들의 공통점은 유머가 뛰어나고, 그 유머가 유모 역할을 했다는 연구 결과가 있다. 유머는 정신적으로는 '유모'이고, 육체적으로는 '워머(warmer)'인 셈이다.

> 어떤 초보 이발사가 실수로 손님의 목에 두 번이나 상처를 내고 말았다. 이때 손님이 당황한 이발사에게 이렇게 말했다.
> "물 좀 한 잔 주시오."
> 이발사는 손님에게 물었다.
> "손님, 혹시 입안에 털이라도 들어갔습니까?"
> 그러자 손님이 웃으면서 말했다.
> "아니요. 내 목이 새는지 알고 싶어서!"

이런 여유는 평소 긍정적인 마인드에서 나온다. '참고 나면 고참'이 된다는 말이 있다. 어떤 어려운 상황도 지혜롭게 넘길 수 있는 리더십이야말로 상대를 내 편으로 만드는 기술이다. 이런 긍정의 언어야말로 천사의 언어다. '천사처럼 찬사할 때 만사가 다 잘 풀린다'라는 것을 기억하자. 천사와 사탄의 차이는 그들이 사용하는 언어의 차이라는 말이 있다. 그래서 우리 속담에 '말이 고우면 비지 사러 갔다가 두부 사 온다'라는 말이 있다.

어느 공원에 이런 경고가 붙어 있었다.

"여기에 침을 뱉으면 10만 원 벌금입니다."

그런데 한 신사가 실수로 침을 뱉었다. 그러자 공원 관리원이 다가오더니 말했다.

"벌금 10만 원을 내셔야 합니다."

그러자 신사는 깜짝 놀라며 물었다.

"왜 내가 그런 돈을 내야 합니까?"

공원 관리원은 표지를 가리키며 여기에서 침을 뱉으면 10만 원 벌금이라고 말했다.

신사는 죽어도 침을 뱉지 않았다고 우겼지만 공원 관리원은 증거를 들이대며 따졌다.

"그러면 이 침은 당신이 뱉은 게 아니고 뭡니까?"

그러자 신사는 웃으면서 이렇게 말했다.

"이건 흘린 건데요!"

이 신사가 끝까지 침을 뱉지 않았다고 우기기만 했다면 어떤 결과가 있었을까? 프로이트는 "유머의 성공은 메시지보다는 전달 방법에 달려 있다."라고 말한다. 어떤 상황에서도 상대방의 웃음을 끌어내는 유머가 있다면, 그게 바로 세상을 내 편으로 만드는 비결이다. 말콤 큐슈너의 말처럼 '유머는 가장 강력한 커뮤니케이션 도구'이기 때문이다. 유머는 설득의 강력한 도구이며, 세상을 기분 좋게 돌아가게 만드는 윤활유 역할을 한다. 그러니 어려운 상황일수록 유머에 빗대어 말하는 대화법을 익혀야 한다.

'유머를 이기는 설득의 언어는 없다'라는 말은 설득과 소통에서 유머가 가진 강력한 힘을 강조하는 표현이다. 인간관계와 커뮤니케이션에서 유머는 단순한 재미를 넘어서 특별한 기능을 한다. 유머는 경계를 허물고 공감대를 형성한다. 유머는 상대방과의 경계를 허물고, 방어적인 태도를 완화시키는 데 탁월한 도구다. 일반적으로 사람들은 새로운 정보나 의견을 접할 때 저항감을 느끼는 경우가 많다. 하지만 유머가 더해지면 상대방은 경직된 태도를 풀고 자연스럽게 메시지를 받아들일 준비를 하게 된다. 이처럼 유머는 설득을 위한 감정의 문을 여는 열쇠다. 또한 유머는 사람들 사이에 공감대를 형성하는 데 매우 효과적이다. 같은 상황에서 웃음을 나누는 경험은 상대방과의 정서적 연결을 강화한다. 공감을 바탕으로 한 설득은 상대방의 마음을 움직이는 데 큰 도움이 된다.

유머는 사람들의 기억에 강하게 남는다. 우리가 무언가를 유쾌하게 웃으며 배운다면, 그 내용은 오랫동안 기억에 남는 경우가 많다. 이는 단순히 정보를 나열하는 것보다 유머를 통해 전달되는 메시시가 너 효과적이라는 것을 의미한다. 설득에 있어서도 유머는 메시지를 기억에 각인시키는 데 매우 유리한 도구다.

설득 과정에서는 종종 반대 의견이나 비판에 직면하게 된다. 이때 유머는 긴장된 상황을 완화하고 공격적인 태도를 유연하게 받아들일 수 있게 도와준다. 우리는 설득을 위해 권위에 의존하는 경우가 있다. 하지만 권위는 거리감을 만들 수 있고 상대방에게 부담을 줄 수 있다. 반면 유머는 그런 권위의 벽을 허물고 더 인간적이고 친근한 접근을 가능하게 한다. 강압적이거나 지시적인 태도보다 유머가 가미된 대화는 상대방의 마음을 여는 데 훨씬 효과적이다. 유머를 통해 형성된 신뢰는 설득의 힘을 극대화시킨다. 그래서 유머를 효과적으로 활용할 수 있다면 그 어떤 언어도 유머가 가진 설득력을 이기지 못할 것이다.

09.

세대와 문화의 차이를 연결하는
유머의 6가지 역할

요즘 공공장소에서의 금연은 상식이다. 게다가 식당이나 당구장 등에 들어가면 어느 테이블이나 '금연'이라는 문구가 있다. 당연히 담배를 피우지 않아야겠지만, 즐거운 자리에서 뭔가 명령을 받는 느낌을 떨쳐 버릴 수 없다. 어느 식당에 갔더니 이런 문구가 붙어 있었다.

"담배를 마음껏 피우세요. 단 99세 이상만!"

이처럼 유머는 삶의 다양한 측면에서 중요한 역할을 한다. 유머 감각은 남녀노소를 불문하고, 직장 내의 직급과 관계없이 중요한 기술로 여겨진다. 이는 유머가 인간관계를 개선하고, 소통의 벽을 허물고, 스트레스를 줄이며, 리더십을 강화하는 데 큰 기여를 하기 때문이다.

첫째, 대인관계의 연결고리다

유머는 사람들 사이의 거리를 좁히고 관계를 더욱 돈독하게 만드는 강력한 도구다. 연구에 따르면 유머를 사용하는 사람들은 대인관계에서 더 큰 친밀감과 신뢰를 구축할 수 있다고 한다. 이는 유머가 사람들 사이의 긴장감을 완화하고, 서로를 더 이해하고 공감할 수 있게 해주기 때문이다. 예를 들어, 처음 만난 사람과의 대화에서 적절한 유머는 상대방의 경계를 허물고 더 편안한 분위기를 조성하는 데 도움이 된다. 이는 특히 다양한 배경을 가진 사람들과 협력해야 하는 직장 환경에서 매우 유용하다. 유머는 사람들 사이의 차이를 무색하게 하고, 서로의 차이를 존중하며 협력하는 문화를 형성하는 데 기여하기도 한다.

둘째, 직장에서 팀워크와 생산성의 증진에 기여한다

직장에서 유머 감각은 협업과 팀워크를 강화하는 중요한 요소다. 유머는 직원들이 업무 스트레스를 해소하고, 서로 간의 이해와 신뢰를 높이는 데 기여한다. 또한 유머는 창의적인 사고를 촉진하며, 문제 해결 과정에서 더 나은 아이디어를 이끌어내는 데 도움이 된다. 한 연구에 따르면, 직장에서 유머를 사용하는 리더는 그렇지 않은 리더보다 직원들과 더 강한 신뢰 관계를 구축하고, 팀의 성과를 높이는 데 성공적이었다고 한다. 이는 유머가 리더와 팀원 간의 장벽을 허물고, 열린 의사소통과 피드백을 장려하는 환경을 조성하기 때문이다. 또한 직원들이 더 편안하고 즐겁게 일할 수 있는 분위기를 만들기 때문에 조직의 전체적인 생산성도 향상된다.

셋째, 더 나은 리더가 되는 비결이다

리더로서 유머 감각은 중요한 자질 중 하나다. 효과적인 리더는 구성원들의 동기부여와 참여를 이끌어내기 위해 유머를 전략적으로 사용한다. 유머를 잘 활용하는 리더는 갈등 상황에서 긴장을 풀고, 어려운 대화도 원활하게 진행한다. 또한 유머는 리더의 카리스마를 강화하고, 리더십 스타일에 친밀감을 더해준다. 예를 들어, 팀이 중요한 목표를 달성하지 못했을 때 리더가 긍정적인 유머를 사용해 실수를 인정하고 팀원들을 격려한다면, 팀의 사기를 유지하고 실패를 성장의 기회로 전환할 수 있다. 이는 직원들이 리더와 더 강한 유대감을 느끼게 하고, 미래의 도전에 더 자신 있게 임할 수 있도록 도와준다.

넷째, 스트레스 관리와 건강한 삶의 필수 요소다

유머는 스트레스 관리에도 중요한 역할을 한다. 현대 사회에서는 남녀노소 누구나 다양한 스트레스 요인에 노출되어 있다. 이러한 상황에서 유머는 스트레스를 완화시키고, 긍정적인 감정을 촉진하는 효과적인 방법으로 작용한다. 유머를 사용하면 몸에서 엔도르핀이 분비되어 기분이 좋아지고, 코티솔과 같은 스트레스 호르몬의 수치가 감소한다. 그뿐만 아니라 유머는 어려운 상황에서 긍정적인 사고방식을 유지하는 데 도움을 준다. 이는 특히 장기적인 스트레스나 어려움에 직면했을 때 더 큰 회복력을 발휘할 수 있도록 한다. 결과적으로 유머는 신체적, 정신적 건강을 증진시키며, 삶의 질을 높이는 데 기여한다.

다섯째, 세대와 문화의 차이를 연결한다

유머는 세대 간, 문화 간의 차이를 이해하고 조화롭게 소통하는 데 중요한 역할을 한다. 다문화와 다양한 연령대가 공존하는 현대 사회에서는 이러한 차이를 극복하고 원활한 소통을 유지하는 것이 매우 중요하다. 유머는 이러한 다양한 배경을 가진 사람들 사이의 공감대를 형성하는 데 효과적인 도구로 사용될 수 있다. 예를 들어, 직장에서 세대 간의 갈등이 발생할 때 유머를 사용하여 서로의 차이를 인정하고 존중할 수 있는 문화를 형성할 수 있다. 이는 조직 내 모든 구성원이 함께 성장하고 발전하는 데 큰 도움이 된다.

여섯째, 소통을 원활하게 한다

유머는 단순한 즐거움 이상의 의미를 갖는다. 이는 커뮤니케이션의 중요한 도구로서 사람들 간의 관계를 더욱 원활하게 하고, 갈등을 해결하며, 공감과 이해를 촉진하는 역할을 한다. 유머 감각을 배우고 활용하는 것은 현대 사회에서 효과적인 커뮤니케이션을 위한 필수적인 기술로 여겨지고 있다. 특히 유머는 사람들 간의 심리적, 정서적 경계를 허무는 힘을 갖는다. 처음 만나는 사람과의 대화나 낯선 상황에서 적절한 유머는 긴장을 완화시키고, 더 친근한 분위기를 조성하며 이는 사람들이 서로에 대한 신뢰와 호감을 느끼게 만들어 더 깊고 진솔한 대화를 가능하게 한다. 예를 들어 직장 회의나 협상 자리에서 유머를 사용하면 딱딱한 분위기를 풀고, 참여자들이 더 자유롭게 의견을 나눌 수 있게 한다. 이처럼 유머는 사람들 간의 거리를 좁히고, 소통의 문을 여는 역할을 한다. 또한 유머는 전달하고자 하는 메시지를 더욱 기억에 남게 만드는 효과적인 방법이다. 연구에 따르면 유머를 사용한 메시지는 그렇지 않은 메시지보다 더 오래 기억되고, 더 긍정적인 반응을 끌어낼 수 있는데 이는 유머가 감정을 자극하고 메시지를 더 흥미롭고 매력적으로 만들기 때문이다.

웃음은 인간의 본능적인 반응 중 하나로 함께 웃을 때 사람들은 더 깊은 유대감을 느낀다. 이는 유머가 사람들 간의 감정적인 연결을 촉진하고 서로의 차이를 이해하고 존중하는 데 기여하기 때문이다. 특히 다양한 문화와 배경을 가진 사람들이 함께 일해야 하는 글로벌 시대에는 유머가 공감대를 형성하는 중요한 수단이 된다. 유머는 문화적 차이를 초월하여 사람들을 하나로 묶어주는 힘을 지니고 있기 때문이다.

유머 감각은 인간관계 개선, 직장에서의 협업과 생산성 증진, 리더십 강화, 스트레스 관리, 창의성 촉진 그리고 세대와 문화 간의 이해를 돕는 중요한 요소다. 남녀노소를 불문하고, 직장에서 직급에 관계없이 유머를 배우고 활용하는 것은 현대 사회에서 성공적인 삶을 영위하는 데 필수적인 기술이다. 유머를 통해 사람들은 더 나은 관계를 구축하고, 긍정적인 에너지를 유지하며, 리더로서의 역량을 강화할 수 있다. 그러므로 우리는 유머를 단순한 재미로 보지 않고 삶을 풍요롭게 만드는 중요한 기술로 배워야 할 필요가 있다.

10.

유머는 농담이 아니라
고단수 커뮤니케이션 스킬이다

열심히 하지만 성적이 오르지 않는 학생이 있었다. 여기저기 유명 학원을 다녀봤지만, 여전히 성적은 제자리였다. 드디어 기말고사를 쳤다. 그런데 한 과목만 '양'이고 나머지는 전부 '가'였다. 어머니가 성적표를 보시더니 한 말씀했다.

"애야, 너무 한 과목에만 치중하는 것 아니니?"

속은 터지고 화가 치밀어 올라도 이런 유머를 구사할 수 있다면, 가정은 늘 화목할 것이다. 그래서 유머는 인간관계를 아름답게 만드는 윤활유라고 한다. "애야, 너무 한 과목에만 치중하는 것 아니니?"라는 어머니의 말 속에는 이미 전달하고자 하는 의미가 다 들어 있다. 거기에는 실망과 자식에 대한 사랑이 동시에 묻어난다. "넌 왜 이 모양이니?", "네 친구 좀 보아라.", "나중에 커서 뭐 할 거니?", "누구 닮아서

이 꼴이냐?" 등 주변에서 자주 볼 수 있는 비난의 말을 던진다면 가정의 화목은 물론 성장기의 자녀에게 큰 상처를 줄 수도 있다.

사람들은 왜 웃음을 주는 사람들에게 모여들까? 단지 웃기 위해서가 아니라 웃음을 주는 사람에게는 늘 여유와 긍정적인 마인드가 있기 때문이다. 정말 웃음은 사람을 끌어들이는 힘이 있는 것 같다. 도스토옙스키는 '웃는 사람이 가장 선한 사람'이라고 말했다. 오늘 내가 먼저 만나는 사람들에게 웃음을 전달해 보면 어떨까? 웃음의 어원을 라틴어에서 '건강'이라고 한다. 그런데 현대 의학은 웃음이 암세포까지 죽이는 놀라운 효과가 있다는 것을 밝혀냈다. 가정문화, 기업의 조직 문화를 바꾸는 전략은 바로 웃음이 아닐까?

그런 면에서 볼 때 우리에게 부족한 것은 달러가 아니다. 직책도 아니며 명예도 아니다. 우리에게 부족한 것은 학벌이 아니며 직업도 가정환경도 그 무엇도 아니다. 우리에게 결핍된 것은 건강도 아니며 지식도 아니며 친구도 아니고 배우자나 자식이 아니다. 우리에게 부족한 것은 신이 준 선물, 웃음이다.

웃음은 우주적인 약

마크트웨인은 '인류에게 한 가지 효과적인 무기가 있으니, 그것은 웃음'이라고 말했다. 웃음은 빙산도 녹인다는 말이 있다. 의학적으로는 암세포를 죽일 만큼 치료제로써의 기능도 한다. 이처럼 웃음이 만인에게 평등하게 찾아오는 것을 보면 분명히 신이 준 선물임은 틀림없다. 우리가 부지불식중에 신의 존재를 잊고 그의 사랑을 잊고 사는 것처럼, 그저 그렇게 웃음을 까맣게 잊고 살아가고 있을 뿐이다. 웃음은 가장 값싸고 가장 효과적인 만병통치약이다

유머에는 비용을 절감하게 해주는 경제적인 효과도 있다. 다양한 방법을 통하여 유머 바이러스가 조직 곳곳에 스며들게 하자. 하버드 의대의 조지 베일런트(George Vaillant) 교수는 66년간에 걸쳐 하버드 졸업생 268명의 인생을 추적 조사했다. 이 조사 자료에 의하면 학업 성적이 인생의 성공이나 행복을 결정하는 데 미친 영향은 극히 일부분에 지나지 않았다. 단지 성공한 사람들에게는 웃음과 유머가 공통적인 특성으로 나타났다고 밝혔다.

스탠퍼드대의 정신과 윌리엄 프라이 교수는 '웃음은 잠재의식을 일깨우는 가장 고상한 길'이라고 말했다. 가정이나 직장에서 구성원들에게 사기를 심어주고 잠재 능력을 일깨우는 방법에 유머가 효과 있다면, 서로 웃고 웃기는 일을 어찌 마다하겠는가. 일상의 틀을 깨고 매너리즘을 깨는 데도 유머는 힘을 발휘한다. 매너리즘에 빠지면 생산성이 떨어지고 규칙만 따르려 하며, 이른바 복지부동으로 창의성을 죽이는 일에만 얽매인다.

유머는 농담이 아니다. 유머는 웃기는 일도 아니다. 게다가 유머는 순간을 모면하는 재치도 아니다. 유머는 강력한 커뮤니케이션이며, 설득의 도구다. 유머는 사람을 내 편으로 만드는 기술이다. 유머 기술은 지금 하는 일터를 즐겁게 바꾸고 대인관계를 부드럽게 하며 비용을 줄이고 성과를 창출해 나가는 데 있어 윤활유와 같은 역할을 한다.

유머 컨설턴트인 밥 로스(Bob Ross)는 "유머 감각을 갖는 데는 돈이

들지 않지만, 유머 감각을 갖지 못하면 많은 비용을 내야 할 수 있다"라며 유머의 중요성을 역설한다. 유머는 보이지 않는 힘이다. 활력을 불어넣고 흩어지는 마음을 하나로 묶는 역할을 한다. 이것이 웃음의 마력이다. 그래서 유머를 제6의 감각이라고 말한다. 아무리 오감이 잘 발달되어 있어도 유머 감각이 없으면, 자신을 표현하고 대인 간 협상을 리드하는 데 어려움이 따른다. 다섯 가지의 감각은 비로소 유머 감각에 의해 빛을 발휘할 수 있다. 21세기의 리더는 지식이나 학력에 의하여 나타나지 않는다. 감성 시대, 글로벌 시대를 이끄는 리더는 인간적인 감성이 흘러넘치는 유머 감각을 갖추는 것부터 시작한다. 즉, 성공하는 사람들의 비밀 노트는 바로 유머 감각이다.

처칠은 "좀 웃으시오. 그리고 직원들에게 웃음을 가르치시오."라고 늘 외쳤다.

배꼽 잡고 실컷 웃어 본 사람은 웃음이 인체에 미치는 영향이 어느 정도인지 느낄 수 있다. 웃는 사람은 건강하다. 반대로 건강한 사람이 자주 웃는다. 웃음과 건강은 한뿌리라고 말할 수 있다. "그대의 마음을 웃음과 기쁨으로 감싸라. 그러면 인체에 해로움을 막아주고 생명을 연장시켜 줄 것이다."라고 일찍이 셰익스피어는 웃음이 인체에 미치는 효과에 대하여 말한 바 있다. 웃음은 정신적 쾌락을 줄 뿐만 아니라 육체적으로 질병을 쉽게 치유하는 기능도 한다. '웃음이 삶의 음악이고, 웃음이 젊음을 유지하는 행복의 힘'이라고 캐나다 출신의 윌리엄 오슬러(Sir William Osler) 의사는 웃음이 주는 효과를 노래하고 있다. 미국의 인디애나주의 볼 메모리얼 병원은 환자들에게 나누어

주는 건강 지침 책자에 '하루에 15초를 웃으면 일생을 통틀어 이틀을 더 산다'라는 문구가 있다고 한다. 일찍이 의사의 아버지라고 불리는 히포크라테스도 '마음이 가장 훌륭한 의사'라고 말하지 않았던가. 웃음은 긍정적인 사고를 불러오고 체내에 불필요한 잡념과 걱정거리들을 몰아낸다. 또한 면역력을 증강시켜 신체 방어 기능을 강화하여 웃는 이에게 최고의 선물인 건강을 선사한다.

웃는 자가 오래 산다

웃음의 효과는 그만큼 길고 오래 간다. 웃음의 효과는 단순히 스트레스를 해소하는 정도의 문제가 아니라 이제는 가정이나 직장 비즈니스 협상 등의 차원에서 연구되고 있다. 이는 유머가 단지 인간관계를 좋게 하는 차원이 아니라 행복과 성과 창출에 영향을 미치는 것을 의미한다. 대부분 사람은 좌뇌와 우뇌 중 어느 한쪽이 좀 더 발달하는데 웃음이 많은 사람은 좌뇌와 우뇌가 골고루 발달하여 상호 원만한 기능을 하여 창의성이 뛰어나고 주변 환경에 대한 적응력이 높다.

'하느님 앞에서는 울어라. 그러나 사람들 앞에서는 웃어라' 유태인의 속담이다. 웃음은 병을 치료할 뿐만 아니라 때로는 자신의 결점을 무마시키기도 한다. 웃음은 단순한 생리적인 반응이 아니라 그 사람의 능력이다. 그러므로 웃음에도 연습과 훈련이 필요하다. 웃기는 놈이 출세한다면 못 웃을 일이 어디 있겠는가? 돈이 드는 일이 아니오, 힘이 드는 이도 아닌데, 오히려 웃음이 부와 명예를 가져오는 신비의 마력을 갖고 있다면 주저할 이유가 없다. 웃는 자 위에는 아무도 없다. 웃음이 최후의 승리자임을 말해주기 때문이다. 웃는 자가 오래 산다는데 더 이상 웃을 일을 미룰 수는 없다.

신뢰와 친밀감을 형성하는 커뮤니케이션

유머는 대화에서 상대방과의 신뢰와 친밀감을 형성하는 데 매우 유용한 도구다. 상대방과 웃음을 나누는 경험은 서로 간의 경계를 허물고 감정적 연결을 강화한다. 유머를 통해 생긴 웃음은 인간관계에서 긍정적인 감정을 유도하고, 상대방에게 더 열려 있는 자세를 취하게 한다. 연구에 따르면, 유머는 사람들 간의 관계를 빠르게 발전시키는 데 도움을 주며, 낯선 사람들 사이에서도 신속하게 유대감을 형성하게 만든다. 예를 들어 처음 만난 사람과의 대화에서 가벼운 농담이나 웃음을 이끌어낼 수 있다면, 긴장된 분위기를 완화하고 상대방이 더 편안하게 대화에 참여하도록 유도할 수 있으며, 이는 직장에서의 팀 빌딩이나 고객과의 관계 형성에서도 매우 유리하다.

복잡한 메시지를 쉽게 전달한다

유머는 복잡한 메시지를 쉽게 전달하는 데 효과적이다. 사람들은 종종 어려운 개념이나 지루한 정보를 접할 때 집중력을 잃고 흥미를 느끼지 못한다. 이때 유머를 적절히 활용하면 복잡한 정보를 더 간단하고 재미있게 전달할 수 있으며, 어려운 주제를 단순화하고, 청중의 집중력을 높이는 데 큰 도움이 된다. 예를 들어 많은 교사와 교육자들이 어려운 개념을 설명할 때 유머를 사용하여 학생들의 흥미를 끌고,

학습의 효율성을 높일 수 있다. 이려운 수학 공식이나 과학적 개념을 유머와 연결하면 학생들은 더 쉽게 기억하고 이해할 수 있다. 이는 마케팅, 프레젠테이션, 교육 등 다양한 분야에서 중요한 커뮤니케이션 전략이 될 수 있다.

갈등을 해결하고 협상을 촉진

유머는 갈등을 완화하고 협상을 촉진하는 도구로서도 강력한 역할을 한다. 대화에서 긴장감이 고조되거나 갈등이 발생할 때 유머는 상황을 부드럽게 만들고 상대방의 방어적인 태도를 완화하는 데 유용하다. 유머는 문제의 심각성을 줄여주고, 더욱 열린 마음으로 대화에 임하도록 한다. 예를 들어 협상 테이블에서 유머를 사용하면 상대방의 경직된 태도를 완화시키고, 더욱 긍정적이고 유연한 분위기를 만들 수 있다. "우리가 이 문제를 풀어야 하니까, 적어도 재미 있게 해보자."라는 식의 유머는 상대방에게 신호를 보내어 함께 문제를 해결하려는 의지를 보여줄 수 있다.

리더십과 임팩트를 강화

유머는 리더십을 발휘하는 데 중요한 커뮤니케이션 스킬이다. 리더가 유머를 적절히 사용하면, 팀원들과의 관계를 강화하고, 더 인간적이고 접근이 가능한 이미지를 구축할 수 있다. 리더의 유머는 권위적인 분위기를 완화하고, 팀원들이 더 자유롭게 의견을 나눌 수 있는 환경을 조성한다. 유머 감각이 좋은 리더는 팀의 사기를 진작시키고, 스트레스를 완화하며, 더 긍정적인 팀 문화를 형성하는 데 도움을 준다. 유머를 통해 도전적인 상황에서도 긍정적인 에너지를 유지하고, 팀원들이 더욱 창의적으로 문제를 해결할 수 있도록 독려할 수 있다.

11.

유머 감각이 뛰어난 사람들은
하나 같이 긍정의 달인이다

어떤 노처녀가 매일 새벽에 기도를 했다.

"하느님, 결혼할 수 있게 잘생긴 남자를 보내주세요."

그때 지나가던 신부가 한 마디 충고했다.

"자매님, 자신을 위해 기도하지 말고 주변 사람들을 위해 기도해 보세요."

다음 날부터 노처녀의 기도 내용이 이렇게 바뀌었다.

"하느님, 제 부모님께 잘생기고 돈 많은 사위감을 보내주세요."

유머 리더는 긍정적인 사고를 무기로 하는 사람이다. 그에게 있어 부정적인 관념은 존재할 수 없다. 긍정적이라는 말은 자신의 존재를 있는 그대로 인정하는 것이고, 자신이 근무하는 직장을 있는 그대로 받아들이는 일이다. 자신이 태어난 가정과 주변 환경, 현재 몸담은 사회를 인정하고 겸허하게 받아들이는 것이 긍정적인 리더의 첫 번째 조건이다. 마음이 열리지 않고 매사에 긍정적이지 못하면 그에게서 어떻게 웃음을 기대할 수 있겠는가. 나는 세상에는 오직 두 부류의 사람만이 있다고 믿는다. 긍정적인 사람과 부정적인 사람이다.

"성공은 늘 긍정적으로 생각하는 사람들의 몫이며, 그것을 지켜내는 것 또한 긍정적인 사람들의 차지다."라고 나폴레온 힐(Napoleon Hill)은 말했다. 부정적인 사고에서는 어떠한 에너지도 비전도 열정도 기대할 수 없기 때문이다. 틱낫한 스님은 "화가 풀리면 인생이 풀린다."라고 말한다. 이 말은 화를 가둘수록 인생은 엉망이 되고 긍정적인 마음으로 살아가는 것이 곧 인생을 승리로 만든다는 것을 의미한다. 로버트 B 스톤은 "긍정적인 마음에는 놀라운 힘이 있다, 마음을 경영하라."라고 말한다.

대기업에 다니던 친구는 항상 승진 문제로 고민에 빠진다.

"일하는 사람 따로 있고 출세하는 놈 따로 있으면, 어떤 미친놈이 죽어라 일하겠나?"

승진 때마다 열심히 일했지만, 동료에게 밀렸던 친구는 언제부턴가 마음을 고쳐먹기로 했다. 그랬더니 여유 있고 매사에 긍정적으로 임하게 되더라는 것이다.

"요즘은 먼저 승진하는 것이 좋은 일이 아니더군. 내 동기 녀석 부장 진급 제일 먼저 했다고 어깨에 힘주더니, 이제는 명퇴도 일 순위지 뭔가. 요즘은 승진이 아니라 오래 버티고 보는 게야. 이제는 능력 있는 사람일수록 승진을 피하는 전략을 짠다네. 일찍 일어나는 새가 벌레를 잡는다는 말은 옛말이 되었네. 이제는 일찍 일어나는 새가 먼저 총 맞아 죽을 확률이 크다고."

신나는 일터는 긍정적인 사람들의 것이다. 일을 놀이처럼 즐기는 데는 대단한 용기가 필요하다. 그것은 바로 긍정적인 마음을 간직하는 일이다. 유머러스한 사람들의 공통점은 항상 긍정적인 마음을 잃지 않는 데 있다.

칭기즈칸이 이끌던 유목민은 기껏해야 150만 명밖에 되지 않았다. 그런데 전 세계의 1억 5천만이나 넘는 사람을 150여 년간 지배해 왔다. 참으로 놀라운 일이 아닐 수 없다. 어느 날 전쟁에 앞서 칭기즈칸 부대는 야전 식당에서 밥을 먹고 있는데 갑자기 칭기즈칸이 먹던 밥상 다리가 부러졌다. 이 광경을 목격한 참모들은 하나같이 이렇게 말했다.

"장군님, 오늘 전쟁의 불길한 징조입니다. 장군님의 아침 밥상 다리가 부러졌다는 것은 뭔가 좋지 않은 징조이니, 오늘 전투는 취소하는 것이 마땅합니다."

이 이야기를 듣고 있던 칭기즈칸 장군은 갑자기 무릎을 치면서 벌떡 일어나며 다음과 같이 소리쳤다.

"오늘 전쟁은 우리가 반드시 승리한다. 장군인 내 밥상다리가 부러졌다는 것은 이제 더 이상 밖에서 비 맞으며 식사하지 않아도 된다는 것을 의미한다. 오늘로써 전쟁터에서 고생하며 밥 먹는 일은 끝이다."

칭기즈칸의 말대로 그날의 전쟁은 대승리를 거두었다고 한다. 똑같은 상황을 긍정적으로 보면 놀라운 힘이 솟지만, 부정적으로 바라보면 패배의 기운만 감돌게 된다는 것을 보여주는 사례다. PMA(Positive Mental Attitude, 긍정적인 마음 자세) 사고를 유지하는 것이 무엇보다도 유머 리더에는 성공의 지름길이다. 이를 위해서는 긍정적인 자기 암시를 통해 즐겁고 신나는 인생을 창조해 나가는 노력이 필요하다.

"나는 모든 면에서 매일 좋아지고 있다"라는 자기 암시를 통해서 환자의 병세를 호전시키고 치료 효과를 높인 에밀 쿠에 박사는 긍정적인 마음속에서는 병균을 죽이는 면역력이 있음을 보여준다. 긍정적인 마음은 잠재 능력을 개발하고 즐거운 일터를 만들어주며 생산성을 향상시키는 놀라운 힘이 있다. 긍정적인 사고를 통하여 자신의 존재를 드러내고 비전을 창조해 나가는 마음가짐이 유머 리더에게는 첫 번째 자산임을 잊어서는 안 된다.

천재들의 공통점 중 하나는 바로 유머 감각이 뛰어난 것이다. 아인슈타인이 노벨상 수상 소감으로 한 첫마디는 "나를 지금까지 지켜준 것은 바로 유머였다."라고 말했다. 그리고 그가 세상을 떠나기 전에 주변에서 후회되는 일은 없느냐는 질문에 "좀 더 재미있게 살았으면 좋았을 텐데."라고 말했다고 한다. 백 마디의 연설보다 한 토막의 유머가 리더를 빛나게 한다. 유머는 그 어떤 아이디어나 연설보다도 사람을 끌어모으고 믿음을 주는 에너지와 카리스마가 있다. 선진국의 지도자들은 태어나면서 유머에 능통한 사람이 아니라, 유머 비서관을 두고 그로부터 시의적절한 아이디어를 제공받아 적재적소에 활용할 줄 아는 리더십이 있다.

스위스와 독일의 국경 마을에 한 할아버지가 날마다 오토바이에 자갈을 싣고 두 나라를 오갔다. 세관원은 할아버지가 자갈 속에 분명 무엇을 숨겨 밀수하는 것 같아 자갈을 몽땅 쏟아 보았지만, 아무것도 없었다. 심증은 있지만 증거를 잡을 수 없자 하루는 세관원이 할아버지에게 물었다.

"할아버지가 뭘 밀수하는지 너무 궁금해서 잠도 못 자겠어요. 밀수하는 것을 눈감아 줄 테니 그게 무엇인지 가르쳐 주세요?"

머뭇거리다 할아버지가 웃으면서 대답했다.

"보면 몰라? 오토바이잖아!"

실체를 못 보면 매일 허송세월한다. 눈앞에 매일 자갈만 들어왔으니 말이다. 실체를 본다는 것은 맥을 잡는 것이다. 마치 뱀을 잡을 때 머리를 잡아야 안전한 것처럼 이 할아버지는 재치 있는 유머 전략으로 오토바이를 밀수했다. 유머로 상대방의 눈을 속이고 재미를 본 것이다.

요즘처럼 경기가 힘들고 어려울 때, 세상만 탓하지 말고 내 안의 웃음을 꺼내 이웃과 함께 나누는 지혜를 발휘하면 어떨까?

12.

유머는 가장 생기 넘치는
마법의 언어다

노숙자 한 사람이 구걸하고 있었는데, 어느 날은 깡통을 두 개 놓고 있었다. 매일 같은 방향으로 퇴근하던 한 시민이 물었다.

"요즘은 벌이가 꽤 괜찮은가 보죠? 이제는 깡통을 두 개씩이나 놓고 있으니."

"세상 인심 모르는 소리 마소. 먹고살기 힘들어 오늘부터 체인점을 냈다오."

유머는 살아 있는 윤활유다.

게다가 낯선 사람과의 어색함을 없애주는 치료제이기도 하다. 21세기 감성 사회를 리드하는 리더의 조건이 있다면 무엇일까? 나는 주저 없이 유머 감각이라고 말하고 싶다. '두 사람의 거리를 좁히는 가장 빠른 방법은 웃음'이라고 빅터 보르게(Victor Borge)는 말한다.

유머 경영의 대가인 밥 로스(Bob Ross)는 "유머는 팀을 이루고 사기를 높인다."라고 강조한다. 어느 기업이든 어느 한 사람만 잘한다고 해서 좋은 회사가 되는 것은 아니다. 훌륭한 기업이 되기 위해서는 서로 웃음을 나누며 배려하는 리더십이 필요하다. 그는 계속해서 이렇게 말한다. "승리하는 팀의 팀원들은 우스갯소리를 많이 하고, 서로에게 장난을 치면서 함께 웃는다. 이는 어느 곳에서나 가능한 일은 아니다. 그런 분위기를 만드는 것은 서로 챙겨주고 무언가 함께 나눈다는 것을 의미한다. 유머는 모든 팀원의 힘을 이끌어내어 서로 상승작용이 일어나도록 토대를 마련해 주는 것이다."

비단 유머가 직장에서만 윤활유 역할을 하는 것은 아니다. 사람과 사람을 이어주는 가장 부드럽고 신뢰감 넘치는 다리가 바로 유머이기 때문이다. 이는 가정이나 대인관계, 비즈니스, 서비스, 리더십, 교육 등 모든 분야에서 볼 수 있는 일이다.

어떤 상황에서든 말은 품위를 지녀야 한다. 믿음이 있어야 하고, 공감할 수 있어야 한다. 말은 생명이 있어야 한다. 설득력이 있어야 하고, 상대방 수준에 맞는 언어를 택할 수 있어야 한다. 그리고 유머적이어야 한다. 많아도 문제, 적어도 문제가 되는 것이 말이다. 진실성이 결여되면 어떤 협상에서도 이길 수 없다. 협상에서 이기고 유리한 입장에 서기 위해서는 언제나 진실에 바탕을 두어야 한다. 듣기 좋은 말이나 입가에 맴도는 미사여구는 한순간에 승리를 얻는데 도움이 될지 모르나 거래 관계를 지속시키고 협상력을 향상시키는 데는 도움이 되지 않는다.

최적의 상황을 파악하는 자가 말을 잘하는 사람이며, 협상에서 승리하는 사람이다. 말이 많으면 많을수록 신뢰감이 떨어진다는 말이 있다. 특히 누군가에게 해명해야 할 일이 있을 때일수록 간단하고 진실한 언어를 사용할 줄 알아야 한다. 말의 내용보다는 태도가 더 믿음을 주기 때문이다. 아무리 메시지가 뛰어나도 말하는 사람의 인격을 믿지 못하면, 그 메시지를 신뢰할 수 없다. 장사꾼처럼 떠들기보다는 진실한 메시지를 전할 수 있는 다음과 같은 기술이 필요하다.

- 믿음을 줄 수 있는 자세를 갖추고 있는가
- 혼자 이야기하지는 않는가
- 상대방의 수준에 맞추어 대화하는가
- 입으로만 말하지는 않는가
- 틀에 얽매이지 않고 자연스럽게 말하는가
- 상황에 맞는 적절한 표현을 하는가
- 장사꾼처럼 말하지는 않는가
- 강요하는 듯한 느낌을 주지는 않는가

또한 상대방의 우뇌를 자극하는 말을 많이 해야 한다. 결국은 좋고 나쁨, 기쁨을 좌우하는 우뇌의 역할이 크기 때문이다. 21세기 서비스 사회는 '감성 소비 시대'다. 가격에 비하여 품질이 좋고 나쁨이나 기능, 수명을 평가하는 이성적 소비가 아니라 가치와 편리성을 중시하는 감성적 판단이 좌우하는 시대라는 것이다. 요즘은 오감을 통해 생각하고 판단하기 때문에 이성적 호소보다는 감성적인 호소를 통하여 심리를 자극할 필요가 있다. 특히 협상 테이블에서 이성적인 논리보다는 감성적인 교류를 통한 공감대를 형성해 나가는 것이 무엇보다도 중요하다. 기업체에서 최근에 활용하고 있는 감성 마케팅 혹은 오감 마케팅 기법이 고객의 구매 심리 자극을 뛰어넘어 고객을 행복하게 하는 서비스 기법으로 각광받고 있는 이유도 여기에 있다. 우뇌를 감염시켜 나가야 한다. 우뇌는 좌뇌보다 감염 정도가 빠르며 주변 사람에게 간접적으로 감염시킬 확률이 크다.

유머는 논리를 이긴다

협상 테이블에서는 항상 좌뇌로 생각하고 우뇌로 말하라. 인간의 뇌는 좌우로 구분하여 각기 제 기능이 다르다고 한다. 인간 뇌에 대한 연구로 노벨의학상을 받은 로저 스페리(Roger Sperry) 박사에 따르면 좌뇌는 논리, 수리, 물리, 기호학 등에 뛰어난 능력을 갖고 있고, 우뇌는 언어, 감성 등 감정적이고 정서적인 유머 분야에 뛰어난 기능을 보인다고 한다. 그러므로 유머 리더는 우뇌를 집중적으로 연구하고, 이를 발전시켜 나갈 수 있는 노력이 필요하다. 이제는 직장에서도 동료들의 우뇌를 자극하여 내 편으로 만들고 즐거운 일터를 만들어 유머적인 조직을 만들어 나가는 전략을 구사할 줄 알아야 한다. 논리적으로 대화하고 설득하는 데 한계가 있다. 우뇌에 에너지를 불어넣어 상호 간의 만족과 환희를 맛볼 수 있는 엔돌핀을 발산할 수 있도록 해야 한다. 그것이 협상에서 분위기를 리드해나가는 일이다.

일방적이고 직설적인 화법으로는 상대의 마음을 사로잡을 수 없다. 상대의 마음을 열지 못하면 면접, 협상, 프레젠테이션, 연설, 강의에서 성공하기 어렵다. 사실보다는 감성을, 논리보다는 재미를, 달변보다는 부드러운 이야기를 통하여 상대의 닫힌 문을 열 수 있다. 일방적으로 자기의 의견을 주장하고 밀어붙이면 오히려 역효과를 낸다. 부드러운 재미있는 이야기로 상대의 문을 여는 기술이 필요하다. 그것이 바로 유머 화법이다.

유머 화법은 심미적인 저항감을 줄이고 신뢰감을 높일 수 있다. 게다가 흥미를 유발하여 정서적 거리감을 좁힐 수 있어 어색한 상황에서도 원하는 방향으로 상대를 끌고 갈 수 있는 대화 기술이다. 이런 면에서 유머는 짧은 시간에 불리한 조건에서도 가장 큰 신뢰감을 줄 수 있는 강력한 커뮤니케이션 도구이다.

13.

유머 감각은
위기를 기회로 만든다

오바마가 가장 존경하는 멘토인 링컨도 유머의 대가다. 그는 "나에게 웃음이 없었으면 이미 미쳤을 것"이라고 말할 정도로 긍정적인 유머를 나누는 일을 즐겼다. 링컨 대통령이 어느 날 반대당 의원으로부터 인신공격을 당했다.

"당신은 겉과 속이 다른 이중인격을 가진 자입니다."

그러자 링컨은 웃으면서 이렇게 응수했다.

"그래요? 내가 정말 두 얼굴을 갖고 있는 사람이라면, 왜 하필 이렇게 못생긴 얼굴을 달고 다니겠소?"

공격한 사람이 오히려 수세에 몰리는 순간이었으며, 상대의 공격으로부터 자연스럽게 벗어나는 위기 전환의 법칙이었다.

꾀가 많기로 소문난 김 일병이 휴가를 얻어 고향으로 돌아왔다.

기분 좋게 택시를 불러 탄 것까지는 좋았는데 목적지에 가까워질 무렵 문득 호주머니를 살펴보니 돈이 한푼도 없었다. 지금이 바로 자신의 기지를 발휘할 때라고 판단한 김 일병은 택시 기사에게 소리쳤다.

"담배 좀 사게 저기 가게 앞에서 잠깐만 세워 주세요! 그런데 아까 차 안에서 10만 원짜리 수표를 떨어뜨렸는데, 어두워서 그런지 도무지 못 찾겠네요."

그러고서는 급히 가게로 뛰어들었다. 뒤돌아보니 아니나 다를까 택시는 쏜살같이 어둠 속으로 사라져가고 있었다.

이 정도의 재치면 세상 사는 데 어려움이 없을 것이다. 특히 위기관리는 전문가 수준이다.

유머는 난처한 상황을 반전시키는 무기 역할을 한다. 이것은 유머가 윤활유 역할을 한다는 것 이상의 마력을 갖는다는 것을 말한다. 지식이나 논리로 풀어나갈 수 없는 문제도 상황에 적합한 유머 한 마디로 웃음을 이끌어내고 위기를 극복할 수 있게 해준다.

유머는 인간관계의 윤활유

지식이나 논리로 상대방을 설득하는 데는 한계가 있다. 두 사람 사이의 웃음은 벽을 허물고 어색함을 없애며 설사 처음 만난 자리라고 하더라도 옛 친구처럼 따뜻한 관계로 발전시켜 놓는다. 여기에는 상대방을 먼저 생각하는 따뜻한 배려가 있어야 함은 당연한 일이다.

고급 레스토랑에 가면 이름조차 생소한 요리들과 복잡한 식사 예절까지 신경 써야 하니 낯선 자리에서는 여간 거북한 일이 아니다.

어느 손님이 점잖은 자리에서 그만 옆 사람의 것인 좌측의 포크와 나이프를 집어 들었다. 순간 같은 자리에 앉아 있던 손님들의 시선이 어리둥절해졌다. 이때 웨이터가 나타나서 "손님의 것은 오른쪽에 있습니다."라고 일러 주었다. 그 사람은 정말 무한하고 황당했다. 이때 한 사람의 유머가 아슬아슬했던 분위기를 웃음과 따뜻한 공기로 반전시켰다.

"선생님 사모님은 항상 왼쪽에 눕나 보지요. 오늘은 우리 모두 부인을 생각하면서 왼쪽의 포크를 사용합시다."

이때 실수했던 손님도 재치 있게 한 마디 던졌다.

"선생님도 저처럼 부인에게 잡혀 사나 보지요? 우리 같은 처지인 것 같은데 건배나 합시다."

유머가 아니었다면 이 얼마나 당황하고 창피한 일이었겠는가. 유머는 어색함을 풀어주고, 낯선 관계를 친구처럼 격의 없는 관계로 반전시켜 놓는다.

레이건이 재선에 도전했을 때, 그는 미국 역사상 최고령 대통령 후보였다. 상대편 후보는 당연히 그의 고령과 건강을 주요 이슈로 부각하려고 노력했다. 상대방 후보였던 먼데일은 방송사 토론에서 이렇게 레이건을 공격했다.

"우리 미국은 젊고 패기 있는 지도자를 원하고 있습니다. 이 점은 국민 여러분이나 레이건 자신도 잘 알고 있으리라 믿습니다."

먼데일 후보의 이러한 공격에 레이건은 웃으면서 이렇게 받아넘겼다.

"나는 이 자리에서 상대의 나이가 어리다는 것을 문제 삼지 않기로 했습니다."

어린 상대와 싸우지 않겠다는 의미로 한 유머로 촌철살인의 힘이 있다.

지옥을 천당으로 만드는 유머의 힘

평소에 유머 실력을 갖추어 나간다면 건강뿐만 아니라 사업도 순조롭게 풀릴 수 있다. 아인슈타인이 유명세를 타면서 이곳저곳을 수도 없이 불려 다니면서 특강할 때의 일이었다. 그를 모시는 비서 겸 운전사는 50여 번의 아인슈타인의 강의를 들었으니 이제는 누가 진짜 아인슈타인인지 모를 정도로 그의 강의를 외우다시피 했다. 한번은 녹초가 된 아인슈타인 대신에 옷을 바꿔 입고 운전사가 대타로 강의를 했다. 언변이 뛰어나고 50여 번의 똑같은 강의를 들었으니, 청산유수처럼 열변을 쏟아냈다. 그런데 이게 웬일인가? 강의가 다 끝나고 떠날 무렵 그 분야에 해박한 지식을 갖고 있는 교수 한 분이 강의를 듣고 질문을 하는 게 아닌가?

"박사님의 강의를 듣게 되어 영광입니다. 그런데 마지막 원리를 더 쉽게 설명해 주시겠습니까?"

순간 대타로 강단에 서 있던 운전사는 혼비백산하여 다리를 떨기 시작했다. 운전사가 대신 강의한 사실이 알려진다면, 이것은 그동안 쌓아온 아인슈타인 박사의 명예에 흠집을 내는 일이며, 이날 강의를 들은 청중을 농락한 꼴이 되어 이만저만한 일이 아니었다. 잠시 비지땀을 흘리고 있던 운전사는 능청스럽게 유머로 위기를 벗어났다.

"네, 좋은 질문입니다. 그 정도의 문제라면 저 앞에 앉아 있는 제 운전사도 쉽게 대답할 수 있는 문제이니, 이번 문제는 운전사가 대신 답변하도록 하겠습니다."

유머는 웃음을 통하여 위기를 극복할 수 있게 해준다. 또 곤경에 처한 사람을 탈출하게 해주고 어색한 만남이나 직장 생활을 슬기롭게 극복하게 해준다. '위기(危機)'라는 단어는 위험과 기회가 항상 공존한다는 의미가 있다. 그런데 대부분 사람은 위험 요소만을 보고 두려워한다. 이는 평소에 고정관념의 틀에 갇혀 마치 동전의 한 면만 보고 마치 그것이 전부인 것처럼 말하는 것과 같다.

14.

유머는
제6의 감각이다

한 경로당을 찾은 시장은 할머니들에게 몰매를 맞을 뻔했다.

"할머니, 저 시장입니다. 아무 걱정 말고 100세까지만 사세요."

"뭐라꼬? 이제는 시장 놈이 막말하는구먼!"

"아니, 할머니 왜 그러시죠?"

알고 보니 그 경로당의 할머니는 99세였다.

그래서 그 시장은 이렇게 말을 바꾸었다.

"그러니까 지금부터 100세를 더 사시라는 말입니다."

대부분 독재자가 그렇지만 스탈린도 말년에는 주위의 암살이 두려워 침실을 네 개나 만들어 본인 말고는 어디에서 자는지 아무도 모르게 했다. 그리고 침실 문도 본인만이 알 수 있는 암호로 만들어 놓아 그 누구의 출입도 불가능하게 했다. 그런데 어느 날 정오가 다가오는 데도 인기척이 없자 밖에서 기다리던 경비병이 문을 열고 들어가보니 그가 혈압으로 쓰러져 있었다. 스탈린은 이후 며칠 만에 세상을 떠났다. 어찌 스탈린만이 세상이 무서워 담을 쌓고 무거운 철장 문으로 자신을 보호한다고 말할 수 있을까? 우리 대부분은 보이지 않는 철문으로 자신을 이중 삼중 잠그면서 살고 있다. 이러한 환경에서 웃음을 찾기는 힘들다. 웃음은 자신을 둘러싸고 있는 어두운 그림자, 장막을 거두어낼 때 가능하다. 그리고 이 철문을 부수고 서로를 가족처럼 대할 수 있게 만드는 것이 웃음이다. 웃음은 빙산도 녹이는 마력이 있다.

"정신병자란 매일 똑같은 방식으로 일하면서 다른 결과가 나오기를 기대하는 사람이다. 결과가 달라지려면 과정을 바꾸어야 한다."라고 아인슈타인은 말했다. 직장이 즐겁고 신나는 일터가 되기 위해서는 일을 즐겁게 받아들일 수 있는 여유와 사고의 전환이 필요하다. 생각의 틀을 깨지 않고서 지금보다 더 즐겁고 신나는 일터를 만들기란 불가능하다. 행동에 앞서 사고의 변화가 절실하다. 웃음이란 절대 고정관념에서는 나올 수 없는 속성을 갖고 있기 때문이다.

마음이 열리면 나머지는 저절로 열린다

유머 리더가 되고 싶다면, 우선 마음부터 열어야 한다. 그러면 세상 사람들이 당신을 통하여 들어오고 나갈 것이니 그 길목에서 당신은 진정한 리더로 우뚝 설 수 있을 것이다.

존 밀턴은 "마음은 그 자신의 터전이다. 지옥을 천국으로, 천국을 지옥으로 만들 수 있다."라고 말한 바 있다. 나를 깨지 않고 이룰 수 있는 것은 아무것도 없음을 엿보게 하는 충고이다. "모든 사람이 세상을 바꾸겠다고 생각하지만, 어느 누구도 자기 자신을 바꿀 생각은 하지 않는다."라고 톨스토이는 경고했다. 생각의 틀을 깨는 일은 그 안에서 비실거리는 나를 구하는 일이다.

심리학자들은 유머가 '제6의 감각'이라고 말하며, 인간의 삶에서 중요한 역할을 한다고 주장한다. 제6의 감각으로서의 유머는 단순한 재미 이상의 의미를 지닌다. 이는 감정적 회복력, 사회적 관계 구축, 창의적 문제 해결 능력 등 다양한 영역에서 긍정적인 영향을 미치기 때문이다.

유머는 우리의 일상에서 긴장을 완화시키고, 긍정적인 감정을 증진시킨다. 유머를 통해 사람들은 스트레스 상황에서도 더 나은 대처를 할 수 있으며, 낙관적인 시각을 유지할 수 있다. 이러한 이유로 심리학자들은 유머를 제6의 감각으로 보고, 이를 인간의 감정적, 심리적 건강을 위한 필수 요소로 간주한다.

시대 변화와 유머의 가치

시대가 변하면서 유머의 가치는 더욱 중요해지고 있다. 현대 사회는 복잡하고 빠르게 변화하고 있으며, 사람들은 많은 스트레스와 압박을 경험한다. 이러한 상황에서 유머는 사람들에게 정신적인 휴식을 제공한다. 웃음은 스트레스를 감소시키고, 긍정적인 에너지를 전달하며, 사람들이 삶의 어려움을 이겨낼 수 있도록 돕는다. 또한 유머는 사회적 연결을 강화하는 도구로 작용하는데 디지털 시대에서는 사람

간의 물리적 거리가 멀어질 수 있지만, 유머는 이러한 거리감을 줄이고 공감대를 형성하는 데 중요한 역할을 한다. 인터넷과 소셜 미디어를 통해 유머 콘텐츠는 빠르게 공유되며, 전 세계의 사람들과 감정을 나누는 데 기여하고 있다.

유머는 단순한 즐거움을 넘어 심리적, 사회적, 창의적 건강을 증진시키는 중요한 도구이다. 변화하는 시대 속에서 사람들에게 정서적 안정을 제공하고, 관계를 강화하며, 창의성을 높이는 데 핵심적인 역할을 한다. 시대가 변해도 유머의 가치는 사라지지 않으며, 오히려 더욱 중요해지고 있다.

열정적인 유머 리더십이 필요

유머가 있는 사람은 긍정적인 사람이며, 긍정적인 사람은 열정적인 사람이다. 유머는 현실을 인정하고 주변을 긍정적으로 바라보며, 어려움을 웃음으로 지혜롭게 극복하는 힘을 준다. 유머가 넘치는 사람일수록 열정적인 삶을 살아간다.

자기만의 열정적인 유머 리더십을 개발해야 한다. 끊임없이 긍정적 에너지를 전파하기 위해 노력해야 한다. 독감 바이러스가 소리 없이 사람을 감염시키듯, 열정의 바이러스를 퍼뜨려야 한다. 인생의 성패를 결정짓는 것은 머리가 아니라 열정이라는 말이 있다.

인류 역사에서 큰 공헌을 한 사람들은 학력이 높거나 지식이 많은 사람이 아니라, 인생을 열정적으로 살아온 사람들이다. 잭 웰치(Jack Welch) 회장은 직원들에게 "A등급 직원의 자질은 무엇인가?"라는 질문을 던지며, 그 답은 언제나 '열정'이라고 강조했다. 전문가들은 그가 세계적인 경영자로 성공한 이유도 바로 그의 열정적인 태도에 있다고 분석한다. 열정적인 태도는 숨겨진 잠재 능력을 개발할 뿐만 아니라, 고객의 구매 동기를 자극하여 판매량을 증가시키는 강력한 마케팅 전략이 될 수도 있다.

"열정만 있다면 이루지 못할 일이 없다."라고 랄프 왈도 에머슨(Ralph Waldo Emerson)은 말한다. 열정은 잠재의식을 깨우는 강력한 힘이다. 그러므로 열정은 지식보다 더 중요한 요소이다.

'열정'을 뜻하는 영어 단어 'Enthusiasm'은 '내 안에 신을 둔다'라는 의미가 있다고 한다. 내 안에 전지전능한 신을 둔다는 것은 놀라운 힘이 되기에 열정을 가진 사람은 아마도 이루지 못할 일이 없을 것이다.

열정은 현실을 여유롭게 바라보는 마음가짐, 즉 웃음을 잃지 않는 자세에서 나온다. 세상만 탓하며 살아간다면, 어떤 상황에서도 웃음과 열정을 간직할 수 없다. 웃음은 내 안에 잠들어 있는 가능성을 깨우는 힘이 있다. 어려운 상황일수록 웃음을 잃지 않는 여유, 열정 그리고 유머를 무기로 삼는 지혜가 필요하다.

웃음은 그것이 무엇을 담고 있든 전염되고 감염된다. 어린아이의 웃는 얼굴을 보면서 화를 낼 사람은 없다. 정상적인 사람이라면 그 웃음에 자연스럽게 미소로 화답하게 된다.

설령 감방에 갇힌 죄수의 웃음이든, 죽음을 앞둔 암 환자의 웃음이든, 언어가 통하지 않는 이방인의 웃음이든, 웃음은 강력한 커뮤니케이션 수단이며 낯선 사람들을 하나로 묶는 놀라운 힘이 있다. 웃음은 저절로 복제되고 감염되는 특성이 있기 때문이다.

이러한 점에서 웃음과 열정의 공통점을 발견할 수 있다. 둘 다 강한 전염성을 지닌다. 유머 역시 마찬가지다. 아버지가 웃으면 아이들이 따라 웃는 것은 단순히 재미있어서가 아니다. 웃음은 서로의 마음을 열어주는 강력한 전염 요소이기 때문이다. 그래서 가장 아름다운 '소(笑)'는 바로 '미소(微笑)'이다. 당신은 '무섭소'가 되고 싶은가? 아니면 '미소'가 되고 싶은가? 만나는 사람마다 유머로 무장해 다가가 보자. 그것이야말로 최고의 전략이 될 것이다.

Part 2

어떻게
임팩트(Impact)있게
말할까?

HIM 있게 말해야 살아남는다. 성공한 사람들은 "HIM"있게 말한다. 유머스럽고

(Humor), **임팩트(Impact) 있게**, 의미(Mean)를 공유한다. 임팩트 있게 말하는

것은 상대방의 관심을 즉각적으로 끌고, 메시지를 명확하게 전달하며, 기억에

오래 남게 한다. 특히 짧은 시간 안에 설득하거나 중요한 정보를 전달할 때 촌철

살인의 효과를 얻을 수 있다.

01.

고수는 최소의 단어로
최대의 임팩트를 준다

어떤 감기 환자가 병원에서 주사를 맞고 나서 따졌다.

"아니, 이렇게 짧은 시간에, 그것도 단 한 방에 이렇게 비싸단 말인
가요?"

환자의 말을 듣고 있던 간호사가 점잖게 한마디했다.

"그러면, 오랫동안 여러 번 찔러 드릴까요?"

간호사가 노련한 기술로 주사를 놓으면 통증 없이 간단하게 끝나
는 것처럼 보일 수 있다. 그러나 경험이 부족한 간호사가 여러 번 주
삿바늘을 찌른다면, 훨씬 더 큰 고통을 겪게 될 것이다. 그렇다면 숙
련된 간호사와 신참 간호사의 차이는 무엇일까? 바로 주사 놓는 방식
의 차이다. 프로는 환자가 주사가 들어왔는지도 모르게 부드럽게 주
사를 놓는다. 통증 없이, 외부 자극도 거의 느껴지지 않게 한다. 게다

가 따뜻한 한마디로 긴장감을 풀어주며 심리적인 안정까지 제공한다. 반면, 아마추어는 주사기의 움직임을 통증으로 느끼게 만들고, 심지어 여러 번 찌르는 실수를 범하기도 한다.

말도 이와 같다. 핵심을 단번에 전달하면서도 뒷말이 깔끔하고, 상대방이 상처받지 않도록 해야 한다. 이것이야말로 임팩트 있는 화법이다. 임팩트 있는 화법은 상대방에게 강한 인상을 남기고, 메시지를 효과적으로 전달하여 설득력 있는 대화를 이끄는 데 중요한 역할을 한다. 임팩트는 단순히 말의 힘을 넘어, 청중이나 상대방에게 강렬한 감정과 논리적 이해를 동시에 제공하는 소통 방식이다.

성공적인 커뮤니케이션에서 임팩트 있는 화법을 구사하면 메시지를 명확하고 간결하게 전달할 뿐만 아니라, 상대방의 마음을 움직이는 효과까지 얻을 수 있다.

대화에서 상대방의 주의를 끌고 메시지에 집중하게 만드는 것은 효과적인 커뮤니케이션의 핵심이다. 사람들의 관심을 끌지 못하면 아무리 중요한 메시지도 쉽게 잊힐 수 있다. 그러나 강렬한 첫인상과 함께 핵심을 전달하면, 상대방은 그 내용을 오랫동안 기억하게 된다. 설득의 목표는 상대방이 자신의 의견이나 제안을 자연스럽게 받아들이도록 유도하는 것이다. 임팩트 있는 화법은 강력한 논리와 감정을 결합하여 상대방이 스스로 납득하고 설득될 수 있도록 돕는다. 또한, 복잡한 아이디어나 개념을 간결하고 명확하게 전달함으로써 상대방이 쉽게 이해할 수 있도록 한다. 불필요한 설명을 줄이고 핵심적인 메시지만을 효과적으로 전달하는 것이 중요하며, 이는 임팩트 있는 화법의 핵심 요소 중 하나다. 그렇다면 어떻게 하면 임팩트 있는 화법을 구사할 수 있을까?

강렬한 도입과 명확한 핵심 전달

첫 번째 방법은 강렬한 도입을 통해 청중의 관심을 끌고, 명확한 핵심 메시지를 전달하는 것이다. 대화나 발표의 시작에서 상대방의 주의를 끌지 못하면 이후 내용이 아무리 훌륭하더라도 설득력이 떨어질 수 있다. 그래서 첫 문장에서 청중의 이목을 사로잡을 수 있는 강렬한 표현이나 질문을 던지는 것이 중요하다.

이러한 접근법은 상대방의 주의를 즉각적으로 집중시키고, 대화의 초반부터 몰입감을 높이는 역할을 한다. 또한, 메시지를 간결하고 명확하게 전달하여 불필요한 혼란을 줄이고, 상대방이 내용을 쉽게 기억할 수 있도록 돕는다.

이야기 방식(Storytelling)을 활용

인간은 이야기를 통해 정보를 더 잘 기억하고, 감정적으로 더 강한 연결을 느낀다. 특히 자신의 경험이나 주변에서 일어난 실례를 이야기 형식으로 전달하면 상대방은 더욱 쉽게 공감하고 메시지를 받아들이게 된다.

예를 들어, "저도 처음에는 실패했지만, 이런 전략을 통해 성공할 수 있었습니다." 같은 개인적인 경험이나 사례를 들려주면 청중은 더욱 몰입하고 공감하게 된다.

이러한 접근법을 활용하면 복잡한 메시지를 쉽게 이해하고 기억할 수 있으며, 감정적으로 상대방과의 연결을 강화하여 설득력을 높일 수 있다.

논리적 구조와 명확한 근거를 제시

단순히 강한 어휘를 사용하는 것이 아니라, 논리적으로 탄탄한 구조를 기반으로 해야 한다. 주장 뒤에는 항상 명확한 근거와 데이터가 뒷받침되어야 하며, 청중이 이를 쉽게 따라갈 수 있도록 구조화된 메시지를 전달해야 한다. 예를 들어, "이 데이터를 보면 지난 1분기 동안 매출이 10% 증가했습니다. 이는 우리가 새로운 마케팅 전략을 도입했기 때문입니다."처럼 데이터나 사실을 제시하여 논리적으로 설명하면 설득력이 더욱 강화된다.

이처럼 명확한 근거를 제시하면 상대방이 쉽게 반박할 수 없는 논리적인 흐름을 구축할 수 있으며, 메시지의 신뢰성을 더욱 높일 수 있다.

비언어적인 요소를 활용

비언어적 요소는 말의 내용뿐만 아니라 표정, 행동, 목소리 톤 등을 말한다. 특히 목소리의 톤과 속도는 메시지의 전달력에 큰 영향을 미치며, 상대방의 반응을 이끌어내는 중요한 요소가 된다. 적절한 제스처와 눈 맞춤은 상대방에게 자신감과 신뢰감을 줄 수 있다. 또한, 중요한 포인트를 강조할 때 목소리 톤을 낮추거나 높이며 변화를 주거나, 강렬한 제스처를 활용하면 메시지의 전달력을 극대화할 수 있다.

반복과 강조를 통하여 기억력을 강화

중요한 메시지나 핵심 포인트는 대화 중 여러 번 반복하거나 강렬한 어휘로 강조함으로써 상대방이 쉽게 잊지 않도록 해야 한다. 반복된 메시지는 기억에 더 오래 남고, 설득력을 더욱 강화하는 효과가 있다. "우리는 성공할 수 있습니다. 다시 한번 말씀드리지만, 이 전략이야말로 우리가 필요로 하는 것입니다."처럼 중요한 메시지를 반복하여 강조하면, 상대방의 기억 속에 더욱 깊이 각인될 수 있다. 이러한 반복 기법을 활용하면 메시지를 오래 기억하게 하고, 중요한 사항을 쉽게 잊지 않도록 하며, 설득력을 극대화하여 상대방이 자연스럽게 동의하도록 유도할 수 있다.

이처럼 임팩트 있는 화법은 단순히 말을 전달하는 것이 아니라, 상대방에게 깊은 인상을 남기고 설득력을 극대화하는 커뮤니케이션 방식이다. 이러한 기법들은 대화의 전반적인 흐름을 강화하고, 메시지를 더욱 설득력 있게 전달하여 상대방에게 강렬한 인상을 남기며, 나아가 설득의 성공을 높인다. 지금부터 임팩트 있는 대화의 기술 세 가지를 소개한다.

첫째, 1분 스피치(One-Minute Speech)

1분 스피치는 짧은 시간 안에 핵심 메시지를 전달해야 하는 상황에서 효과적으로 사용되는 화법이다. 주어진 시간 내에 상대방에게 강한 인상을 남기면서, 중요한 정보나 메시지를 압축적으로 표현하는 것이 핵심이다. 1분 스피치는 회의, 면접, 발표 등 다양한 상황에서 활용될 수 있으며, 청중의 주의를 집중시키고 핵심 내용을 빠르게 전달하는 데 효과적이다.

시작은 청중의 주의를 끌 수 있는 강력한 문장으로 열어야 한다. 도발적인 질문, 흥미로운 통계, 인상적인 경험담 등이 효과적인 방법이 될 수 있다. 또한, 1분 이내에 전달할 핵심 메시지를 명확하게 정리해야 한다. 복잡한 설명은 피하고 가장 중요한 정보에 집중해야 한다.

마무리는 설득력 있는 결론을 제시하는 것이 중요하다. 스피치의 끝에서 청중이 기억할 수 있도록 행동을 유도하는 메시지를 남기거나 핵심 내용을 요약해 전달해야 한다.

다음은 1분 스피치의 예시이다.

"저는 오늘 우리의 마케팅 전략을 완전히 바꿀 필요가 있다고 생각합니다. 왜냐하면, 지난 6개월 동안 우리는 매출 성장이 정체되어 있기 때문입니다. 새로운 디지털 마케팅 플랫폼을 도입하면, 3개월 이내에 매출을 20% 이상 증가시킬 수 있습니다. 이 변화가 우리가 필요로 하는 혁신입니다. 함께 새로운 도전을 시작합시다!"

둘째, 엘리베이터 스피치(Elevator Speech)

엘리베이터 스피치는 엘리베이터를 타고 내려오는 짧은 시간 안에 상대방에게 자신이나 자신의 아이디어를 인상 깊게 소개하는 스피치 기법이다.

이름에서 알 수 있듯이, 엘리베이터에서 우연히 만난 사람에게 짧은 시간(보통 30초에서 1분) 안에 임팩트 있는 자기소개나 제안, 아이디어를 전달하는 것이 목표이다. 엘리베이터 스피치는 빠르고 간결해야 하지만 동시에 청중의 흥미를 끌고 더 많은 대화를 이어갈 수 있도록 유도해야 한다. 이 기법을 효과적으로 활용하려면 상대방이 즉시 주목할 만한 흥미로운 시작으로 스피치를 시작하는 것이 중요하다.

셋째, 자기소개(Self-Introduction)

자기소개는 개인이 다른 사람들에게 자신을 소개할 때 사용하는 임팩트 있는 화법의 한 형태이다. 이때 가장 중요한 것은 첫인상을 어떻게 형성하느냐이다. 자기소개는 취업 면접, 네트워킹 이벤트, 새로운 팀원과의 첫 만남 등 다양한 상황에서 이루어지며, 상대방에게 자신을 매력적이고 신뢰할 수 있는 사람으로 인식시키는 것이 중요하다. 짧지만 강렬한 자기소개는 상대방에게 깊은 인상을 남기고, 대화를 시작하는 데 중요한 역할을 한다.

단순한 이름 소개 이상의 정보를 제공하여 상대방이 즉시 관심을 가질 수 있도록 해야 한다. 독특한 경험이나 업적을 간략히 언급할 수도 있으며, 자신의 직업, 강점, 또는 목표를 간결하게 설명하는 것이 핵심이다. 너무 길게 설명하지 않고, 상대방이 쉽게 이해할 수 있는 방식으로 핵심 내용을 전달해야 한다.

나는 어느 모임에 가든 내 이름 석 자를 삼행시로 풀어서 자기소개를 한다.

"안녕하십니까. 임붕영 선수가, 붕하고 뜨면, 영원한 기록이 됩니다. 임붕영입니다. 아직 뜨지 못했는데 여러분과 함께하면 제대로 뜰 수 있으리라 믿습니다!"

1분 스피치, 엘리베이터 스피치 그리고 자기소개는 모두 임팩트 있는 화법을 구사하는 대표적인 기법이다. 이러한 화법을 효과적으로 활용하려면 강렬한 도입, 명확한 메시지 전달 그리고 상대방의 관심을 끌어 대화를 지속할 수 있도록 유도하는 요소가 필수적이다.

짧은 시간 안에 자신을 강렬하고 명확하게 표현하는 능력은 성공적인 커뮤니케이션에서 중요한 역할을 하며, 이는 설득력 있는 대화와 강한 인상을 남기는 데 꼭 필요하다.

02.

Impact(임팩트)가 있어야
Effect(효과)가 있다

스티브 잡스는 생전에 "그래서, 한마디로 결론이 뭐지요? 좀 더 심플하게 안 될까요?"라는 말을 입에 달고 살았다. 임팩트 있는 한마디는 존재감을 높이고, 호감과 가치를 끌어올린다. 지루하고 장황하게 말할 것인가, 임팩트 있는 화법을 구사할 것인가를 선택해야 한다.

《일언력(一言力)》의 저자 가와카미 데쓰야는 '핵심을 꿰뚫는 결정적 한마디'로 상황을 '올킬' 하고 상대를 내 편으로 만들 수 있다고 말한다.

우리는 언어적 존재이다. 말없이 생존하거나 일을 할 수 없다. 그렇다면 기왕이면 재미있고 유머 있게 말하는 것이 더 좋은 효과를 낼 수 있을 것이다. 많은 사람이 유머를 섞어 말하고 싶어 하지만, 그렇게 하지 못해 고민한다. 유머는 대화를 풍성하게 만들고, 사람들 간의 긴장을 완화하며, 강력한 소통의 도구로 작용할 수 있다. 그러나 많은 사람이 유머 있게 말하는 것이 어렵다고 느낀다. 이는 여러 가지 요인에서 비롯된다. 누구나 유머 있게 말하고 싶어 하지만, 그렇지 못한 이유 7가지를 분석하고, 어떻게 하면 유머를 효과적으로 활용할 수 있는지 살펴보자.

첫째, 유머 감각이 부족하다

유머 감각은 타고나는 것이기도 하지만 환경과 경험에 따라 형성되는 부분도 크다. 사람마다 유머를 느끼는 방식이나 스타일이 다를 수 있는데 유머 감각이 부족한 사람은 상대방에게 웃음을 유발할 수 있는 적절한 표현을 찾는 데 어려움을 겪는다. 유머 감각은 종종 문화적 배경이나 개인의 성장 과정과 밀접한 관련이 있다. 예를 들어, 어린 시절부터 유머를 많이 접한 사람은 자연스럽게 유머 감각이 발달하지만, 그렇지 않으면 유머를 이해하거나 표현하는 능력이 상대적으로 부족할 수 있다. 그래서 유머 있게 말하려는 시도조차 하지 않거나 실패할 것에 대한 두려움 때문에 아예 시도하지 않는 경우가 많다.

둘째, 자신감이 부족하다

유머는 청중을 상정한 표현이기 때문에 이를 구사하는 사람에게는 자신감이 필요하다. 사회적 불안을 느끼는 사람은 자신의 유머가 받아들여지지 않을까, 혹은 웃음보다 반감을 사지 않을까 하는 두려움에 사로잡혀 유머 있게 말하기를 망설인다.

자신감이 부족한 사람은 유머를 구사할 때도 망설임이 많다. 유머는 대부분 순간적인 판단과 즉흥적인 표현에서 나오는데, 자신감이 없는 사람은 이러한 즉흥성을 발휘하기 어렵다. 그들은 자신의 말을 계속 검토하고, 부정적인 결과를 예측하면서 결국 유머 있는 표현을 시도하지 못한다.

셋째, 타이밍을 잡지 못한다

유머의 성패는 타이밍에 달려 있다. 유머에서 타이밍은 매우 중요하며, 같은 농담이라도 적절한 순간에 던지면 큰 웃음을 자아낼 수 있지만, 부적절한 타이밍에 나오면 어색하거나 불쾌하게 느껴질 수 있다.

타이밍을 맞추는 능력은 경험에서 나온다. 경험이 부족하거나 상대방의 반응을 잘 파악하지 못하는 사람은 유머를 구사할 적절한 순간을 놓칠 수 있다. 그래서 유머 있는 말을 하고 싶어도 적절한 타이밍을 찾지 못해 망설이게 된다. 타이밍을 놓치면 유머가 전달되지 않거나 오히려 상황을 더 어색하게 만들 수 있다.

넷째, 문화적 차이가 유머를 멀리한다

유머를 어렵게 만드는 요인 중 하나는 문화적 차이와 언어 장벽이다. 유머는 종종 문화적 맥락에 깊이 뿌리를 두고 있어, 특정 문화권에서 통용되는 유머가 다른 문화에서는 전혀 이해되지 않을 수 있다. 그래서 다문화 환경이나 외국어를 사용하는 상황에서는 유머를 구사하기가 더욱 어려워진다.

언어 장벽 또한 유머를 방해하는 중요한 요소이다. 유머는 종종 말장난, 이중 의미, 언어유희 등을 포함하는데, 이러한 요소들은 번역이 어렵거나 다른 언어에서는 아예 존재하지 않는 경우도 있다. 그 결과, 유머 있게 말하고 싶어도 언어적 한계 때문에 의도를 효과적으로 전달하지 못하는 상황이 발생할 수 있다. 이러한 상황에서는 유머를 시도하는 것이 오히려 의사소통에 장애가 될 수 있다는 불안감을 초래할 수 있다.

다섯째, 유머에 대한 오해와 편견이다

일부 사람들은 유머를 가볍게 여기거나, 진지한 상황에서는 부적절하다고 생각할 수 있다. 또한, 유머가 상대방을 모욕하거나 기분을 상하게 할 수 있다는 우려 때문에 아예 시도하지 않는 경우도 있다.

특정 유형의 유머는 사회적 기준에 따라 부적절하거나 공격적으로 여겨질 수도 있다. 예를 들어, 풍자나 블랙 유머는 특정한 상황이나 청중에게 전혀 적합하지 않을 수 있다. 이처럼 유머에 대한 잘못된 이해나 편견은 유머 사용을 억제하게 만들고, 유머를 활용할 수 있는 기회를 놓치게 한다. 결과적으로, 유머가 대화에서 중요한 역할을 할 수 있는 상황에서도 그 효과를 발휘하지 못하게 된다.

여섯째, 유머 반응에 대한 지나친 기대이다

유머를 구사하려면 순간적인 판단과 빠른 사고가 필요하다. 그러나 유머를 시도하기 전에 지나치게 분석적으로 접근하는 사람들은 유머의 효과를 감소시키거나, 아예 시도조차 하지 않게 된다.

이들은 "이 농담이 적절한가?", "상대방이 기분 나빠하지 않을까?",

"이 농담이 이해될까?" 등의 고민을 과도하게 하며, 그 결과 자연스러운 유머 표현을 억제하게 된다. 과도한 분석은 유머의 자연스러움을 방해하며, 결과적으로 유머 있는 대화를 이어가는 데 걸림돌이 될 수 있다.

일곱째, 실패에 대한 두려움 때문이다

유머는 연습을 통해 발전하는 기술이다. 유머 감각이 자연스럽게 발달하지 않은 사람들은 유머를 시도해 볼 기회가 적어, 이를 구사하는 데 자신감을 잃게 된다. 유머를 구사할 때 실패를 경험한 적이 있다면, 그 기억이 다음 시도를 망설이게 만든다. 이 실패에 대한 두려움은 새로운 시도를 억제하고, 유머를 구사하는 능력을 제한하게 된다. 유머는 종종 즉흥적으로 이루어지기 때문에 실패 가능성도 높다. 하지만 이러한 실패를 두려워하면, 점점 더 유머를 시도하지 않게 되고, 결국 유머 있는 대화 능력이 퇴화하게 된다.

이러한 장애물들은 충분히 극복 가능하다. 유머 감각을 키우기 위해 다양한 유머를 접하고, 자신감을 높이기 위해 작은 시도에서부터 시작하며, 문화적 차이와 언어 장벽을 이해하려고 노력하는 등 구체적인 전략을 활용하면 유머 있는 대화를 더 자연스럽게 구사할 수 있다.

실패를 두려워하지 않고, 경험을 통해 배우며, 꾸준히 연습한다면, 유머 있는 대화는 더 이상 어려운 일이 아니라 일상적인 소통의 일부가 될 것이다.

03.

어휘력이
임팩트한 말을 결정한다

- 으악새가 새라고 우기는 사람
- 아기 돼지 삼형제를 돼지고기 삼형제로 알고 있는 사람
- 아이티공화국이 IT 기술이 뛰어난 나라라고 우기는 사람
- 허장강을 강이라고 우기는 사람
- 태종대를 대학이라고 우기는 사람
- 구제역이 양재역 다음이라고 우기는 사람
- 의사 콜레라는 의사들이 걸리는 콜레라라고 우기는 사람
- 탑골공원과 파고다 공원이 다르다고 우기는 사람
- 비자카드 받아놓고 미국 비자 받았다고 우기는 사람
- 킹콩이 가장 큰 콩(Bean)이라며 영어 실력을 뽐내는 사람
- 금일이 금요일이라고 우기는 사람

요즘 우리 사회에서는 어른과 아이 할 것 없이 문해력 문제로 골머리를 앓고 있다. 미국의 일부 주에서는 학교에서 스마트폰 사용을 금지하고 있으며, 일부 유럽 선진국에서는 스마트폰을 소지한 채 등교하지 못하도록 규제하는 나라도 있다.

과도한 디지털화가 문해력 저하를 유발했다는 우려가 커지면서, 교육 현장에서 탈(脫)디지털화 움직임이 확산되고 있다. 스웨덴 왕립 카롤린스카 연구소는 "디지털 기기가 학생의 학습 능력을 향상하기보다는 오히려 저해한다는 명백한 과학적 증거가 있다."라며, "인쇄된 교과서와 교사의 전문 지식을 통해 지식을 습득하도록 해야 한다."라고 강조했다. 이에 따라 스웨덴은 디지털 기기 대신 실물 책을 수업에 더 많이 도입하기 위해 예산을 확대하고 있다. 이러한 문제는 아이들만의 문제가 아니다. 문해력이 부족한 직장인들이 늘어나면서, 성인의 문해력 문제를 다루는 서적들이 잇달아 출판되는 현상이 이를 보여주고 있다.

기업 교육을 나갈 때마다 HR 담당자와 CEO들이 단골로 들려주는 조언이자 불평이 있다. 자신의 능력을 마음껏 펼치고 원하는 삶을 살기 위해 가장 중요한 것은 무엇일까? 학력이나 스펙이라고 주장하는 사람들이 있지만, 나는 절대 반대한다. 그보다 소통 능력이 우선이기 때문이다. 함께 일하는 사람, 같이 어울려 살아가는 사람과 원활한 소통과 공감이 이루어지지 않는다면, 학력이나 스펙은 아무런 의미가 없다.

우리 주변을 보면, 낙오자가 되거나 조직에 적응하지 못하는 사람

중 상당수가 능력은 뛰어나지만 소통이 원활하지 않은 경우가 많다. 오늘날 직장 환경에서 학력과 스펙은 여전히 중요한 평가 기준 중 하나이지만, 실무에서의 성공을 결정짓는 핵심 요소는 단순한 학력이나 스펙이 아니라, 임팩트 있게 의사를 전달하는 커뮤니케이션 능력이다. 특히 복잡하고 상호 의존적인 업무 환경에서, 커뮤니케이션 능력은 더욱 중요해지며, 조직 내에서 인정받고 성장하기 위한 필수적인 요소로 자리 잡고 있다.

첫째, 스펙보다 커뮤니케이션 능력이 중요하다

과거에는 학력과 스펙이 직업 선택과 경력 발전의 가장 중요한 요소로 여겨졌다. 높은 학력과 화려한 경력은 개인의 능력과 잠재력을 상징하며 직장에서의 성공을 보장하는 것처럼 인식되었다. 그러나 이러한 인식은 최근 들어 크게 변하고 있다. 학력이나 스펙이 실질적인 업무 성과를 보장하지 않는다는 인식이 확산되었기 때문이다. 높은 학력을 가진 사람들이 실제 직무에서 기대만큼의 성과를 내지 못하거나 뛰어난 스펙을 가진 사람들이 조직 내에서 원활하게 협력하지 못하는 사례들이 증가하면서 학력과 스펙의 절대적 가치에 대한 의문이 제기되기 시작했다. 학력이나 스펙이 뛰어나다고 해서 곧바로 높은 성과를 보장하지 않는다는 점에서 소통 능력은 더욱 중요한 요소가 되고 있다.

둘째, 커뮤니케이션을 앞서는 성공 조건은 없다

조직 내에서 뛰어난 커뮤니케이션 능력을 가진 사람은 다른 사람들과 효과적으로 소통하며 조직의 목표를 달성하는 데 중요한 역할을 한다. 커뮤니케이션 능력은 여러 측면에서 업무 성과를 좌우한다. 명확하고 효율적인 소통은 프로젝트를 성공으로 이끌기 때문이다. 프로젝트가 복잡하고 다양한 팀원들이 참여할수록 그들의 의견을 조율하고 정보를 공유하는 커뮤니케이션의 중요성은 커진다. 또한, 커뮤니케이션 능력은 팀워크를 강화하고 갈등을 효과적으로 해결하는 데 중요한 역할을 한다. 조직 내 갈등은 피할 수 없지만, 이를 원만하게 조정하고 해결하려면 높은 수준의 커뮤니케이션 능력이 필수이다.

셋째, 커뮤니케이션 능력이 리더십이다

리더는 팀원들에게 비전을 제시하고, 목표를 명확히 전달하며, 각자의 역할을 이해하고 수행할 수 있도록 돕는다. 훌륭한 리더는 단순히 지시를 내리는 사람이 아니라, 팀원들의 의견을 경청하고 어려움을 이해하며, 필요할 때 적절한 피드백을 제공할 수 있어야 한다. 또한, 팀 내 갈등을 조정하고 협력을 유도하며, 팀원들이 최상의 성과를 낼 수 있도록 지원하는 역할도 수행해야 한다.

이러한 역할을 효과적으로 수행하려면 탁월한 커뮤니케이션 능력이 필수이다. 특히, 팀의 사기를 높이고 동기를 부여하려면, 리더가 팀원들과 진정성 있게 소통해야 하며, 이는 리더십의 성패를 결정짓는 핵심 요소가 된다.

넷째, 커뮤니케이션이 사람 사이의 문제를 해결한다

커뮤니케이션 능력은 신뢰를 구축하고, 윈-윈(win-win) 결과를 도출하는 데 핵심적인 역할을 한다. 또한, 문제 해결 과정에서도 중요한 역할을 한다.

직장에서 발생하는 문제는 다양한 이해관계자들이 얽힌 복잡한 상황에서 나타나는 경우가 많다. 이를 효과적으로 해결하려면 각자의 입장을 조율하고, 공동의 해결책을 모색하는 능력이 필수이다.

이때 커뮤니케이션 능력은 이해관계자들의 의견을 명확히 파악하고, 그들의 우려를 해소하며, 함께 해결책을 만들어 나가는 과정에서 중요한 역할을 한다. 결과적으로, 뛰어난 커뮤니케이션 능력을 가진 사람은 문제 해결 과정에서 핵심적인 역할을 맡게 되며, 이는 곧 직장 내 성과와 인정으로 이어진다.

다섯째, 커뮤니케이션 능력은 조직 문화와 적응력에 기여한다

오늘날 많은 조직은 빠르게 변화하는 환경에 적응하고 지속적으로 혁신하기 위해 유연한 조직 문화를 강조하고 있다. 커뮤니케이션 능력은 직원들이 변화에 신속하게 적응하고 조직 내에서 원활하게 소통하며 새로운 아이디어를 공유하고 발전시키는 데 중요한 역할을 한다.

예를 들어 디지털 전환이 가속화되고 있는 현대의 직장 환경에서는 직원들이 새로운 기술과 업무 방식을 빠르게 배우고 이에 대한 정보를 동료들과 공유할 수 있어야 한다. 이러한 과정에서 커뮤니케이션 능력은 조직 내에서 지식과 정보를 효율적으로 전달하고 팀원들이 변화에 적응할 수 있도록 돕는 중요한 역할을 한다. 또한 커뮤니케이션 능력은 다양한 배경과 문화적 차이를 가진 팀원들 간의 협력을 촉진하는 데 기여한다.

임팩트 있는 커뮤니케이션 능력은 협력, 갈등 관리, 문제 해결, 혁신 촉진 등 다양한 측면에서 중요한 역할을 하며, 이를 통해 개인은 조직 내에서 핵심적인 위치를 차지하고 지속적으로 성장할 기회를 얻을 수 있다.

효과적인 커뮤니케이션을 위해서는 정확하고 풍부한 어휘력이 필수적이다. 어휘력은 임팩트 있는 소통의 핵심 요소이며, 핵심을 찌르는 단어가 즉각 떠오르지 않는다면 임팩트 있는 화법을 구사하는 것이 불가능하다고 전문가들은 지적한다.

04.

임팩트 한마디가
백 마디 말을 이긴다

임팩트 있게 말하는 것은 현대 디지털 사회에서 매우 중요한 소통 기술이다. 소셜 미디어, 비즈니스 회의, 일상 대화 등 다양한 상황에서 우리는 짧은 시간 안에 상대방의 주의를 끌고 중요한 메시지를 전달해야 한다. 간단명료한 소통은 메시지의 설득력을 높이고, 상대방에게 더 강한 인상을 남기며, 목표를 빠르게 달성하는 데 필수적이다. 임팩트 있게 말하기란 단순히 짧게 말하는 것이 아니라 메시지를 명확하게 전달하고, 상대방이 쉽게 이해하며 기억할 수 있도록 하는 기술이다. 이를 실현하기 위한 구체적인 방법으로는 '3S1H 기법'이 있다. 이 기법은 Short(간결하게), Salt(핵심 있게), Smart(스마트하게), 그리고 Humor(유머 있게)로 구성되는데, 각각의 요소가 어떻게 임팩트 있는 소통을 만드는지 알아보자.

'Short' 하게, 짧고 간결하게 말하라

간결함은 말하기의 기본이다. 장황하게 설명하기보다 핵심 메시지를 간결하게 전달하면, 상대방은 더 쉽게 내용을 이해하고, 핵심을 놓치지 않게 된다. 이는 시간 절약은 물론이고 집중력을 높여 중요한 정보가 효과적으로 전달되는 데 큰 도움을 준다. 짧고 간결하게 말하기 위해서는 전달하려는 핵심 메시지를 명확히 정의하고, 불필요한 설명을 배제해야 한다. 이를 위해서는 전달할 정보 중에서 가장 중요한 것이 무엇인지 파악하고, 그 핵심만을 요약하여 상대방에게 전달하는 훈련이 필요하다.

예를 들어 회의에서 어떤 프로젝트의 진행 상황을 보고할 때 모든 세부 사항을 나열하기보다 "프로젝트는 80% 완료되었으며, 남은 과제는 한 가지입니다."와 같이 간결하게 말하는 것이 더 효과적이다. 이렇게 말하면 상대방은 한눈에 현재 상황을 파악하고 중요한 결정을 내릴 수 있다. 간결함은 특히 비즈니스와 같은 빠르게 변화하는 환경에서 매우 중요하다. 중요한 메시지를 짧고 명확하게 전달함으로써 상대방의 시간을 존중하고 더 많은 소통의 기회를 얻을 수 있을 것이다.

'Salt'처럼 단어의 양은 적게 핵심을 강조하라

소금은 음식의 맛을 좌우하는 중요한 재료지만 양은 매우 적다. 임팩트 있는 말하기에서도 마찬가지로 많은 정보를 전달하기보다는 가장 중요한 핵심에 집중하여 그것을 강조하는 것이 필요하다. 말할 때는 그 내용이 단순히 나열식으로 끝나지 않고 상대방에게 핵심 메시지가 남도록 만들어야 한다. 중요한 정보를 강조할 때는 목소리의 톤을 조절하거나, 시각적 자료를 활용하는 등의 방법을 사용할 수 있다. 핵심을 명확하게 전달하는 것이 임팩트 있는 소통의 중요한 요소다. 예를 들어 제품의 장점을 설명할 때 모든 기능을 설명하는 대신, "이 제품은 경쟁 제품보다 배터리 수명이 50% 더 깁니다."와 같이 가장 차별화된 포인트를 강조하는 것이 더 효과적이다. 상대방은 그 한 가지 포인트만으로도 제품의 가치를 쉽게 기억할 수 있다.

간결하게 말하면서도 중요한 부분을 놓치지 않고 강조하는 것, 이 것이 소금처럼 말하기의 핵심이다. 이렇게 하면 중요한 메시지가 상대방에게 더 깊이 각인될 수 있다.

'Smart' 하게 전략적으로 말하라

여기서 스마트함은 단순히 지식이 많다는 뜻이 아니라 전략적으로 말하는 능력을 뜻한다. 스마트하게 말하는 것은 상대방의 상황, 필요, 관심사를 잘 파악하고, 그에 맞춰 메시지를 전달하는 것을 의미한다. 스마트하게 말하려면 먼저 상대방의 배경을 이해해야 한다. 듣는 사람의 요구나 관심사를 파악하고, 그것을 기반으로 메시지를 조정해야한다. 상대방이 중요하게 여기는 것에 초점을 맞추어 말을 하면 더 큰 관심을 끌 수 있고, 설득력도 높아진다.

예를 들어 투자자에게 프레젠테이션할 때는 재무적인 데이터와 잠재적인 수익을 강조하고, 고객에게 제품을 설명할 때는 그 제품이 어떻게 문제를 해결할 수 있는지에 집중하는 것이 스마트한 접근이다.

같은 메시지라도 청중의 요구에 맞게 조정할 수 있는 능력이 스마트하게 말하는 핵심이다. 또한 스마트하게 말하기는 상황에 맞는 적절한 어휘를 사용하는 것도 포함된다. 청중이 이해하기 쉬운 언어를 사용하고 지나치게 복잡하거나 전문적인 용어를 피하며, 메시지를 쉽게 전달할 수 있도록 해야 한다.

'Humor' 있게 재치와 재미를 더하라

임팩트 있는 말하기는 반드시 딱딱하거나 진지할 필요는 없다. 오히려 적절한 유머나 재치 있는 표현은 상대방의 관심을 끌고 대화를 더 흥미롭게 만들어 메시지가 더 오래 기억되도록 도와준다. 재치 있게 말하는 것은 상대방과의 감정적인 연결을 강화하는 데 큰 역할을 한다. 유머는 대화의 분위기를 부드럽게 만들고 긴장을 완화시켜 더 편안한 대화를 이끌어낼 수 있다. 하지만 지나친 유머는 오히려 역효과를 낼 수 있으므로 상황에 맞는 적절한 유머를 사용하는 것이 중요하다. 예를 들어 복잡한 기술적 설명을 할 때 "이 기능은 마치 TV 리모컨처럼 간단하게 사용할 수 있습니다."처럼 가벼운 비유를 사용하면, 상대방은 더 쉽게 이해하고 설명을 기억하게 된다. 재치 있는 말은 상대방의 흥미를 끌 뿐만 아니라, 메시지를 더 오래 기억하게 만든다. 또한, 유머는 소통을 더 자연스럽고 인간적인 방식으로 연결하는 역할을 한다.

임팩트 있게 효과적으로 말하기 위한 자가 진단 기법

진단1 : 내가 전달하려는 메시지를 한 문장으로 요약할 수 있는가?

말하고자 하는 핵심 메시지를 미리 한 문장으로 정리해 본다. 복잡한 설명 대신, 듣는 사람이 한 번에 이해할 수 있도록 명료하게 정의하는 연습이 필요하다. 주제를 분명히 하고 부가적인 설명은 최소화한다.

진단2 : 말이 상대방에게 너무 길게 느껴지지 않는가?

메시지가 길어진다면 중간에 요약하거나 핵심 포인트를 강조하는 방식을 사용한다. 중요한 내용을 1–2분 이내에 전달할 수 있도록 훈련한다. 상대방의 반응을 주시하며 필요하면 추가 설명을 하되, 말을 줄이는 연습이 중요하다.

진단3 : 상대방이 내 말을 쉽게 이해하고 있는가?

상대방이 이해하지 못할 수 있는 복잡한 용어나 설명을 줄이고, 쉽게 설명할 수 있는 비유나 예시를 활용한다. 상대방이 내용을 쉽게 받아들이도록 적합한 어휘를 사용하는 것이 중요하다.

진단4 : 말할 때 메시지의 핵심을 강조하고 있는가?

핵심 포인트를 강조할 때는 목소리의 톤을 조절하거나 반복해서 중요성을 언급한다. 핵심 메시지를 한 번 말하는 것보다 세 번 이상 반복하는 방식으로 기억에 남도록 한다. 시각적 자료나 손짓으로도 강조할 수도 있다.

진단5 : 상대방의 관심사나 요구에 맞춰 말하고 있는가?

상대방의 관심사를 미리 파악하고 그에 맞게 메시지를 조정한다. 상대의 배경, 필요 또는 문제를 고려하여 그들에게 가장 중요한 정보를 먼저 전달한다. 이는 상대방의 주의를 끌고 공감을 이끌어내는 데 도움이 된다.

진단6 : 말에 논리적 흐름이 잘 구성되어 있는가?

말하기 전에 이야기의 구조를 미리 구상한다. '도입-전개-결론'의 흐름을 유지하고, 논리적 연결이 자연스럽도록 한다. 핵심 메시지를 먼저 제시한 후 그에 대한 세부 사항이나 이유를 설명하는 구조가 효과적이다.

진단7 : 상대방의 피드백을 적극적으로 듣고 조정하는가?

상대방의 표정, 제스처, 질문 등 비언어적 신호를 주의 깊게 살펴본다. 만약 상대방이 혼란스러워 보인다면 즉각적으로 설명을 조정하거나 더 명확하게 재설명한다. 상호 작용이 원활할수록 더 효과적인 소통이 가능하다.

진단8 : 유머나 재치를 적절하게 사용하고 있는가?

재치 있는 표현이나 유머를 통해 대화를 가볍게 만드는 연습을 한다. 하지만 지나치게 가벼운 유머는 역효과를 낼 수 있으니 상황에 맞는 유머를 사용해야 한다. 유머를 사용할 때는 대화의 목적을 흐리지 않도록 주의한다.

진단9 : 말하는 속도와 발음이 명확한가?

말하는 속도를 조절하고, 발음을 정확하게 하도록 의식적인 노력을 기울인다. 너무 빠르게 말하면 상대방이 이해히기 어렵고, 너무 느리면 지루할 수 있으니 적절한 속도를 유지한다. 중요한 부분에서는 의도적으로 천천히 말해 강조하는 것도 좋은 방법이다.

진단10 : 상황에 맞는 핵심 언어를 사용하고 있는가?

마음에 와닿는 핵심 언어를 준비하는 것이 바람직하다. 이것은 어휘력의 문제다. 말 한 마디가 백 마디를 이기는 임팩트의 비결은 주제와 맞는 핵심 키워드, 핵심 단어를 가져야 한다.

이상 10가지 질문을 바탕으로 자신의 말하기 습관을 점검하고 개선할 수 있다. 각 항목에 맞는 해결 방안을 통해 임팩트 있게 말하는 기술을 연습하고, 일상에서 실천해 보자.

05.

강하고 짧은 단어는
오래 기억된다

프로와 포로의 차이는 바로 '점 하나'다. 점을 추가하는 것이 아니라 불필요한 점을 제거하면 프로가 된다. 이게 바로 심플이고 임팩트 있는 화법이다. 무거운 점을 달고 다니면서 프로다운 화법을 구사할 수는 없다. 프로는 많은 것을 갖고 있는 것이 아니라 불필요한 것을 제거하는 사람이다. 이 원칙은 기업과 고객의 관계에도 적용된다.

대화에서는 다다익선(多多益善)보다 단단익선(短短益善)이 더 효과적이다. 말은 많으면 많을수록 좋은 것이 아니라 요약하여 적으면 적을수록 좋다. 처칠은 "짧은 단어는 대개 역사가 더 길다"라고 말했다. 구이지학(口耳之學)을 멀리해야 한다. 구이지학이란 귀로 들은 것을 그대로 남에게 이야기 할 뿐 조금도 제 것으로 만들지 못하는 얕은 학문을 말한다. 들은 대로, 배운 대로 말하지 말고, 자신의 언어로 정리해 간결하게 전달하는 것이 임팩트 있는 화법이다.

"당신들은 삶을 복잡하게 만들려고 해요. 아무도 이해하지 못하는 화려하고 현학적인 문구들을 써놓고 그것을 '지성'이라 부르지요. 하지만 정말 뛰어난 작가와 예술가, 교육자들은 간단하고 명쾌하며 정확한 언어를 사용하는 사람들이에요. 그냥 단순하게 사세요. 복잡함을 버리고 혼란을 제거한다면 인생을 즐기는 일이 단순하고 간단해질 거예요."

웨인 다이어(Wayne Walter Dyer)의 말이다.

"단순함, 그것은 천재에게 주어진 재능이다. 어떤 지적인 바보도 사물을 더 크고, 더 복잡하고, 더 격렬하게 만들 수 있다. 하지만 그 반대편으로 나아가려면 약간의 천재성과 많은 용기가 필요하다. 만약 당신이 어떤 것을 단순하게 설명할 수 없다면, 당신은 그것을 충분히 이해하지 못한 것이다."

아인슈타인의 말이다. 장황한 설명은 핵심을 모른다는 것이다. 생텍쥐페리는 "더 더할 게 없을 때가 아니라, 더 뺄 게 없을 때 완벽한 디자인에 도달할 수 있다."라고 말했다.

단순함이 중요한 이유

복잡하고 길게 늘어놓은 문장은 상대방이 집중하기 어렵고, 메시지를 온전히 이해하기 어려울 수 있다. 반면, 간결한 표현은 의미를 명확하게 전달하며, 상대방이 쉽게 이해하고 기억할 수 있도록 돕는다. 짧고 명확한 문장은 핵심만 담고 있어 메시지가 왜곡되지 않으며, 상대방의 머릿속에 더 오래 남는다. 대화에서 말이 길어지면 상대방은 쉽게 집중력을 잃는다. 반대로, 간단하게 말하면 대화의 핵심에 집중할 수 있어 상대방의 주의를 끌고 유지하기가 쉽다. 이는 특히 중요한 정보 전달이나 설득이 필요한 대화 상황에서 효과적이다.

메시지가 간결할수록 그 의미는 더욱 분명해진다. 군더더기 없이 핵심만 전달하면, 상대방이 메시지를 정확하게 이해할 수 있으며 혼란이 줄어든다. 복잡한 설명 대신 간단하고 직관적인 언어를 사용하면 의미가 더욱 명확하게 전달된다. 임팩트 있게 말하는 사람은 시간 낭비를 줄인다. 상대방에게 필요한 정보만 제공하고 불필요한 내용을 생략함으로써 짧은 시간 안에 많은 것을 전달할 수 있다. 이는 특히 업무나 비즈니스 상황에서 매우 중요한 기술이다.

《도덕경》은 2500년 동안 동서양에서 읽혀온 단 5000자의 텍스트다. 노자는 이 5000자 만으로 2500년 동안 자신의 사상과 지혜를 퍼뜨려 왔으며, 그 생명력은 간결함에 있다. 링컨은 단 2분 동안 10문장, 272개의 단어로 세계적인 명연설을 남겼고, 오늘날까지도 기억되고 있다. 반면, 게티즈버그 연설의 원래 연설자는 따로 있었다. 링컨에 앞서 연설했던 에드워드 에버렛(하버드대학교 총장을 지내고 국무장관을 역임한)은 2시간 동안 1만 5,000여 개의 단어로 연설했다. 그러나 그의 연설을 기억하는 사람은 거의 없다.

핵심을 요약하여 전달하는 능력, 이것이 바로 임팩트 화법이다. 동양에서는 열 가지(十)를 하나(一)로 요약할 수 있는 사람을 '선비(士)'라고 했다. 즉, 임팩트 화법은 말을 많이 하는 것이 아니라 간결하게 핵심을 찌르는 것에 있다.

임팩트 있는 화법에서 간결함은 핵심 메시지를 명확하게 전달하고,

상대방이 쉽게 이해할 수 있도록 돕기 때문에 필수적이다. 간결한 표현은 주의를 집중시키고, 오해를 줄이며, 빠르고 효율적인 대화를 가능하게 한다. 이를 위해 핵심을 먼저 말하고, 불필요한 단어를 제거하며, 구체적이고 직관적인 언어를 사용하는 것이 중요하다.

빅토르 위고는 19년 동안 섬에서 망명 생활을 하며 《레 미제라블》을 집필했다. 그는 독자들의 반응을 알기 위해 출판사에 "?"라는 짧은 편지를 보냈다. 이에 출판사는 "!"라고 답장을 보냈다. 단 두 글자로, 책이 성공적으로 팔리고 있음을 전달한 것이다.

톨스토이는 "진정으로 일에 몰두하는 사람의 삶은 단순하다"라고 말했다. 스티브 잡스 역시 극단적인 단순함을 경영 원칙으로 삼았으며, 애플 직원들은 이를 'Simple Stick'이라고 불렀다. 임팩트 있는 화법을 위해는 다음 ABC 기법을 실천해야 한다.

- Apt(상대의 눈높이에 맞게)
- Brief(간결하게)
- Clear(명확하게)

이러한 단순함이 주는 힘을 활용하기 위해서는 철저한 사고와 요약 능력이 필요하다.

Summary!

06.

상대방을 제압하는
임팩트 화법 10가지

영국의 보건 장관이 의회에서 국민 보건을 주제로 연설할 때였다.

"당신은 수의사 출신이 아니오? 그런데 국민 보건에 대해서 어떻게
그리 자신하시오?"

한 의원이 장관에게 소리쳤다.

"맞아요, 나는 수의사 출신입니다. 그런데 의원님, 어디 아프세요?
아프면 언제든지 오세요."

회의장은 한바탕 웃음바다가 되었다.

청중들을 대상으로 강의할 때마다 서두에 던지는 질문이 있다.

"여러분 중에서 갈등 없이 사는 사람은 손들어 보세요?"

그런데 이 질문에 모두가 웃는다. 갈등 없이 사는 사람이 어디 있느
냐는 뜻이다. 그런 면에서 보면 우리는 모두 갈등 속에서 발버둥 치고

그 갈등을 극복하기 위해서 매일 고심하며 살고 있는지도 모른다. 우리가 원활한 커뮤니케이션 기법을 배우고 대화법에 대해 고민하는 이유는 바로 주변 사람들과의 갈등을 해소하고, 더 원만한 인간관계를 구축하기 위해서이다.

우리는 필연적으로 누군가와 어울려야 하며, 관계 속에서 성장하고 행복을 추구하며 인생의 목표를 이루어간다. 그러나 인간관계에는 항상 갈등과 반목이 존재한다는 사실을 전제로 해야 한다. 갈등이 전혀 없는 관계나 조직이 있다면, 그것이야말로 이상적인 천국이라고 할 수 있다. 문제는 이러한 갈등을 어떻게 효과적으로 극복하고, 원만한 관계를 유지하며, 자신의 삶을 조화롭게 만들어 가느냐에 달려 있다. 갈등은 우리의 능력을 저하할 뿐만 아니라 행복 지수를 떨어뜨리는 요인이 되기 때문이다.

좋은 스펙을 갖추고 원하는 직장에 들어갔지만, 결국 그곳을 떠나는 사람들의 이유는 업무 능력이 부족해서가 아니다. 대부분 업무 과정에서 겪는 갈등과 그로 인한 스트레스가 퇴사의 결정적인 요인이다. 이직 사유 중 가장 큰 비중을 차지하는 것은 업무 능력이나 스펙 부족이 아니라 대인관계 문제, 즉 주변 사람들과의 갈등이라고 한다. 나 또한 30년간 대학교수로 지내기 전, 직장 생활을 하며 수많은 갈등을 경험했다. 그 과정에서 스트레스를 받기도 하고, 방황했던 적도 많았다. 교수 생활을 하는 동안에도 마찬가지였다. 사람이 모여 사는 공간에서는 언제나 반목, 대립, 경쟁이 존재하며, 이를 극복해야 한다.

결국 중요한 것은 주변 사람들과 어떻게 효과적으로 소통하고 관계를 형성해 나가는가에 달려 있다. 그렇다면 어떻게 갈등을 극복하고, 더 좋은 관계와 원활한 소통을 이루어 나갈 수 있을까? 그동안 교육 현장에서 청중들과 나눴던 이야기들을 이곳에 공유한다.

좋은 말을 골라 먹는다

음식을 먹다 보면 생선 가시가 목에 걸릴 때도 있다. 그러니 좋은 생선일수록 가시를 잘 발라내야 한다. 맛있는 음식이라도 그 안에 돌이 들어 있다면, 그것이 우리 몸에 들어가서 어떤 영향을 줄 것인가는 분명하다. 이 책의 핵심 주제는 '우리는 말을 먹고 산다'는 것이다. 그러니 상황에 따라서 어떤 말을 먹고 소화시켜서 상대방에게 전달할지를 고민해야 한다. 그저 습관적으로 튀어나오는 말 한 마디가 상대방과의 갈등을 증폭시킬 수도 있고, 괜한 오해를 불러일으킬 수도 있기 때문이다

갈등의 요인을 제거한다

부부관계나 동료 관계, 친구 관계, 상하 관계든 그 관계 속에서 일어나는 갈등에는 크고 작은 요인들이 있다. 갈등의 주요 요인을 찾아내어 피하고 대신 긍정적인 표현을 사용하여 상황을 극복한다. 갈등이 예상되는 문제에서는 상대방의 감정을 고려하여 회피할 수 있는 방법을 찾아 직접적인 충돌을 피한다.

배려심을 갖고 다른 점을 받아들인다

데일 카네기는 창세기 이래 당신과 똑같은 사람은 단 한 사람도 없었다고 말한다. 그리고 앞으로도 그럴 것이라고 강조한다. 결국 나와 똑같은 사람은 한 사람도 없다는 것이다. 그러니 다름을 존중하고 그 차이를 인정해 나가는 것이 바람직하다. 다른 사람들의 의견을 이해하고 수용하는 자세를 취하여 대화의 기반이 되는 상호 이해를 증진시켜 나아야 한다.

역지사지의 자세로 대한다

소통에서 동서고금의 불변의 법칙이 있다. 그것은 역지사지, 즉 입장을 바꿔 놓고 생각하라는 것이다. 내가 힘들면 상대방도 힘들고, 내가 경쟁의식을 갖고 있으면 상대방 또한 경쟁의식을 갖고 있기 때문이다. 게다가 내가 똑똑하게 논리적으로 대하면 상대방 또한 자기도 논리적으로 방어하기 위해서 자세를 취하는 법이다. 대인관계는 언제나 상대적이기 때문이다.

감정을 존중하고 정서적인 관계를 유지한다

크고 작은 갈등의 가장 일반적인 원인은 감정적인 요인이다. 사소한 일에도 후회가 남는 경우는 감정적으로 흥분했거나, 상대의 감정적인 표현에 불쾌감을 느꼈기 때문인 경우가 대부분이다.

그래서 상대에게 불쾌감을 주지 않도록 감정적인 표현을 조절하는 것이 중요하다. 또한, 내가 사용하는 언어가 거칠지는 않은지, 일방적인 감정이 묻어 있지는 않은지 점검하는 습관이 필요하다. 감정을 조절하고, 상처를 주지 않는 부드러운 언어를 사용하는 것이야말로 갈등을 극복하고 원활한 소통을 이루는 가장 좋은 방법이다.

입으로만 말하지 않고 온몸으로 말한다

얼굴이 밝으면 신뢰감을 줄 수 있고, 상대방과의 관계 지수를 높일 수 있다는 연구는 수두룩하다. 대개 입으로만 떠들고 언어로만 말하는 사람들은 자칫 상대방과의 관계가 멀어질 수 있다. 그러니 현란한 언어보다 표정을 밝게 하고 눈을 맞추고 몸짓을 통해서 비언어적인 소통 기법을 익혀나가는 것도 더 좋은 관계를 맺어 나가는 기법 중 하나다.

Win-Win 관계를 구축한다

아이들이 놀이터에서 즐겁게 놀다가도 다투는 이유는 간단하다. 놀이기구를 독차지하는 친구가 있기 때문이다. 그러면 옆에 있는 친구들도 같이 놀고 싶은 마음이 생기지만, 자신이 배제되었다는 생각에 시기와 불만이 쌓이며 결국 다툼으로 이어지는 경우가 많다.

어른들도 마찬가지다. 누군가가 무언가를 독차지하려 들고, 자신의 이익만을 추구하면 상대방도 심리적으로 도전적인 태도를 보일 수밖에 없다. 원활한 소통을 위한 가장 좋은 방법 중 하나는 원윈(win-win) 관계를 구축하는 것이다. 이 원칙은 스티븐 코비 박사가 《성공하는 사람들의 7가지 습관》에서 강조한 핵심 법칙 중 하나이기도 하다.

공감 지수를 높여나간다

이제는 적자생존의 시대가 아니라 '공감 생존의 시대'라는 말이 있다. 강한 자가 살아남는 것이 아니라, 주변 사람들과 공감을 잘하는 사람이 성공하고 살아남는 시대라는 의미다.

찰스 다윈의 '적자생존(survival of the fittest)' 이론과 달리, 제러미 리프킨(Jeremy Rifkin)은 '공감 생존 시대'가 도래했다고 주장한다. 많은 사람이 소통은 되지만 공감이 되지 않는다고 말한다. 결국, 공감이야말로 원만한 대인관계를 유지하며 살아남는 핵심 요소다.

어떻게 하면 상대방과 공감대를 형성하고, 공통의 비전을 공유할 수 있을지 고민해야 한다. 상대방의 감정을 이해하고 이에 대한 공감을 표현하는 것이야말로 서로 간의 신뢰와 이해를 촉진하는 중요한 과정이다.

Yes와 No는 타이밍에 맞춰 확실히 한다

예스(Yes)나 노(No)를 말할 때 가장 중요한 것은 타이밍을 놓치지 않는 것이다. 시간이 흐른 뒤에 결정을 내리면, 그것은 이미 지나간 버스와 다름없다. 긍정할 일이라면 즉각 긍정하고, 거절해야 할 상황에서는 주저하지 말고 당당하게 노라고 말해야 한다. 그래야만 상대방과의 갈등을 줄이고 불필요한 오해를 방지할 수 있다.

반대로, 머뭇거리거나 정확하게 의사를 표현하지 못하면 오히려 갈등과 오해를 초래할 가능성이 높다. 당당한 예스만큼이나, 당당한 노도 필요하다. 갈등을 피하기 어려운 상황에서는 확고한 거절의 태도를 유지하며, 자신의 입장을 지키는 것이 중요하다.

'Yes and but' 화법으로 풀어간다

상대방이 그릇된 주장을 하거나 나와 의견이 맞지 않는 이야기를 하더라도, 먼저 'Yes'로 긍정하고 그 후에 자신의 주장을 펼쳐나가는 것이 효과적이다. 의견이 다르다고 해서 곧바로 반박하거나 부정적인 태도로 맞선다면, 오히려 갈등을 증폭시키고 소통을 어렵게 만들 수 있다. 상대방의 말을 먼저 인정한 후, 자신의 생각을 부드럽게 제시하는 것이 갈등을 최소화하는 전략이다.

어떤 상황에서도 "맞습니다, 그러나 제 생각은 이렇습니다."라는 'Yes, But' 화법을 활용하면 상대방을 존중하면서도 대화를 주도할 수 있다.

갈등 관계에 있는 사람들과 원만한 대인관계를 유지하며 유머를 활용하는 것은 여러 가지 이유에서 중요하다. 갈등 상황에서는 긴장과 불편함이 커지기 마련이다. 이때 유머는 긴장을 완화하고, 대화를 보다 편안한 분위기로 만들어 갈등 해결에 도움을 줄 수 있다. 또한, 유머는 감정적 교류를 촉진하여 상대방의 입장을 더 잘 이해하도록 돕는다.

유머를 활용하면 서로의 차이를 존중하며 긍정적인 관계를 형성할 수 있다. 적절한 유머는 상대방과의 신뢰를 쌓고, 더 개방적인 대화 분위기를 조성하여 서로의 이야기를 경청하도록 유도한다. 이처럼 유머는 갈등을 해결하고 관계를 개선하는 데 매우 유용한 도구다. 상대

방과의 관계를 원만하게 유지하고 긍정적인 방향으로 나아가기 위해
유머를 적절하게 사용하는 것은 대인관계의 중요한 기술 중 하나다.

07.

대화에서 무조건 피해야 할
10가지 함정

어느 날 밀레가 한 부유한 사람의 초상화를 그려달라는 부탁을 받았다. 밀레가 초상화를 다 그리자 의뢰인은 이렇게 말했다.

"여보게, 밀레. 당신 솜씨도 별로군."

이 말을 듣고 있던 밀레는 이렇게 응수했다.

"당신도 그다지 뛰어난 작품은 아니거든요."

청중들을 대상으로 강의할 때마다 나는 반드시 '말하고 후회하는 10가지'를 다룬다. 누구나 완벽하게 말을 잘할 수 없기에 우리는 자주 실수하고 후회한다. 다음에 말하는 10가지는 지난 30년간 청중들을 대상으로 교육하면서 그들로부터 얻은 내용을 정리한 것이다. 즉 이렇게 말하면 후회한다는 것이다. 그러니 말하고 나서 후회하지 않으려면 다음 10가지 지침을 대화 매뉴얼로 삼아보자.

1. 대화 중에 흥분하면 무조건 진다

강의 중에 내가 던진 질문 중에서 가장 흥미로운 것이 바로 이 대목이다. 말을 하고 나서 가장 후회되는 것이 무엇이냐고 물으면, 누구나 첫 번째로 이야기하는 것이 바로 흥분해서 후회된다는 것이었다. 그래서 흥분하면 진다는 말이 진리처럼 다가온다. 어쩌면 흥분하면 말을 많이 하는 것은 사람의 본능일 수 있다. 하지만 그 본능대로 살게 된다면 누구를 만나던 신뢰감을 잃어가고 말이 막힐 수밖에 없다. 흥분할수록 말수를 줄여야 한다. 역설적이고 힘든 일이겠지만, 이것이 대화에서 이기는 길이다. 나 또한 가장 많이 후회하는 것 중 하나가 흥분하며 말할 때이다. 누구를 만나서 어떤 말을 하든지 간에 절대 흥분하지 않고 서두르지 않겠다는 것을 다짐하는 것이 좋은 대화의 시작이 된다. 아무리 좋은 정보와 내용을 다룬다고 해도 흥분하는 자는 반드시 지게 되어 있다.

2. 말을 많이 할수록 신뢰를 잃어 간다

우리는 달변가가 되어야 하는데 어떤 사람은 다변가가 되고 만다. 달변가는 핵심을 추려서 설득력이 있고 효과적으로 말하는 사람이다. 반면 다변가는 핵심이 없이 쓸데없는 말만 많이 하는 사람을 의미한다. 그런데 우리 사회는 달변가와 다변가를 구분하지 못한다. 그리고 대다수 사람들이 말을 많이 하는 것이 달변가라고 착각하고 있다. 그래서 정치권에서뿐만 아니라 많은 리더가 설화에 휩쓸리는 경우를 본다. 말을 많이 하다 보면 분명히 함정에 빠지게 되어 있다. 이것이 노자가 말한 '다언삭궁(多言數窮)'이다. 그래서 물고기는 입으로 낚이고 사람도 입으로 넘어진다는 말이 있다. 사람 또한 말을 적게 하면 실수할 가능성이 적어진다는 것이다. 이 말을 할까 말까 망설일 때는 하지 않는 것이 오히려 더 효과적이라고 전문가들은 말한다. 그런데 말을 참지 못해서 할 말, 안 할 말 가리지 않고 무조건 말을 뱉어버리는 사람들이 있다. 그리고 그들은 집에 가서 늘 후회한다.

3. 사실만 말하면 관계가 멀어진다

대화를 하다 보면 늘 사실만 말하는 사람이 있다. 사실이 아니고서는 대화할 가치가 없다고 여기는 사람들이다. 대화라는 것은 의견과 정보 교환뿐만 아니라 친분과 친교 공감, 배려, 정서적인 관계를 향상시키는 의미도 있다. 사실만은 늘어놓게 되면 상대방을 숨 막히게 만든다. 그리고 저 사람과 대화하기 싫다는 생각이 들게 한다. 대화하다 보면 뒷담도 할 수 있고 수다를 떨 수도 있고 농담도 할 수가 있는데 오직 사실만을 늘어놓으면 오히려 분위기를 깨게 된다. 대화를 통해서 더 가까워지고 친분을 쌓을 수 있는 기회는 사실 관계를 늘어놓는 것이 아니고, 때로는 누군가를 흉본다거나 세상을 향해 삿대질을 같이한다거나 정서적인 공감을 통해서 이루어지는 것이다. 사실만을 강조하는 사람은 정서적 교감이 떨어진다는 것을 명심해야 한다. 물론 사실을 말하는 것도 중요하지만, 더 중요한 것은 공감할 수 있는 주제를 가지고 탁구 치듯이 주고받는 소통 방식이다.

4. 전문 용어를 많이 쓰면 공감 능력이 떨어진다

대화 중에 늘 전문 용어를 쓰는 사람들이 있다. 그러나 전문 용어를 많이 쓰면 상대방과 거리가 멀어진다. 자기만 아는 용어를 쓴다면 어떻게 상대방과 공감이 되겠는가. 동네 병원에 갔을 때 이런 일을 자주 겪는다. 내가 자주 가는 병원 원장은 검사 결과를 놓고 자기만 아는 용어로 설명한다. 도대체 비싼 돈 내고 몸이 아파 병원에 왔는데 왜 내가 알아듣지도 못하는 자기만의 언어를 사용하는지 알 수가 없다. 그래서 나는 그 병원을 두 번 다시 가지 않는다. 상대방이 알아듣는 이야기를 할 때 그것이 진정한 대화이기 때문이다. 전문 용어는 전문가들이 모일 때 쓰는 용어일 뿐이다. 일상적인 대화에서 자신만 아는 자기 전문 분야의 이야기를 늘어놓는 일은 피해야 한다.

5. 스트레스 풀듯이 말하면 더 큰 스트레스가 온다

나의 경우, 말을 많이 하면서 스트레스를 푸는 것보다 적절한 질문을 던지고, 상대방의 조언을 들으며 위로를 받을 때 스트레스가 더 잘 해소되는 경험을 많이 했다. 스트레스를 풀기 위해 말을 많이 하면 오히려 공허함이 커지고, 스트레스가 더 쌓일 뿐이다. 또한, 단순히 스트레스를 해소하려고 사람을 만나는 것으로 오해받을 수도 있다. 말을 많이 해서 스트레스를 풀 수 있다는 것은 일시적인 착각일 뿐, 근본적인 해결책이 아니다. 누구든 내면의 고요함이 없이는 스트레스를 제대로 해소할 수 없다. 오히려 말수를 줄이면 심신이 안정되고, 상대방과도 더 깊이 있는 관계를 맺을 수 있다.

6. 재미있는 스토리가 없으면 기억에 남는 것도 없다

세계 3대 성인인 예수, 석가, 공자에게는 공통점이 있다. 그들은 사람들을 설득하기 위해 수도 없이 많은 이야기를 만들어냈다. 성경 속 예수는 비유와 이야기를 통해 설득하고 감동을 주었다. 공자 역시 수많은 사례와 이야기를 통해 제자들을 가르쳤으며, 석가모니 또한 비유와 스토리를 활용하여 진리를 전했다.

이야기는 재미가 있다. 재미있는 이야기는 오래 기억된다. 반면, 교과서적이고 원칙적인 딱딱한 이야기만 늘어놓는다면 설득하기도 어렵고, 쉽게 잊히고 만다.

나는 누구를 만나거나 어떤 모임에 갈 때, 상황에 어울리는 유머 두 개와 스토리 하나를 반드시 준비해 간다. 이를 통해 좌중을 즐겁게 만들고, 내 이야기를 효과적으로 전달하며, 공감 능력을 높일 수 있기 때문이다. 또한, 강의할 때마다 청중들에게 이렇게 질문한다.

"여러분의 스마트폰 속에는 몇 개의 유머와 스토리가 들어 있습니까?"

7. 경청하지 못하면 친구를 잃는다

커뮤니케이션 전문가들에 따르면, 강한 사람일수록 상대방의 말을 잘 듣는다고 한다. 반면, 약한 사람일수록 자기 이야기만 늘어놓으며 경청하지 못하는 경향이 있다.

이런 현상이 나타나는 이유에 대해 심리학자들은 약자가 자신의 내면에 자리한 콤플렉스를 극복하기 위해 말을 많이 하면서 마치 이기고 있다는 착각을 갖기 때문이라고 설명한다. 이 책의 핵심 메시지는

'경청부터 하라'라는 것이다. 상대방의 말을 제대로 듣지 않는 것은 배려심이 부족할 뿐만 아니라, 상대방을 무시하는 태도로 비칠 수도 있다. 그런 사람이 오히려 나와 대화하기 위해 자리에 앉기를 바라는 것은 착각에 불과하다. 아무리 가까운 친구라도 자신의 말을 들어주지 않는다면, 결국 그 친구를 잃게 된다는 사실을 명심해야 한다.

8. 두서없이 말하면 횡설수설하게 된다

대화를 하다 보면 무슨 말을 하는지 도무지 알 수 없을 정도로 횡설수설하는 사람들이 있다. 핵심 없이 이 이야기, 저 이야기 늘어놓으며 상대방을 지루하게 만든다면, 결국 '나는 실패하는 대화를 이렇게 하고 있습니다'라고 보여주는 것과 다름없다.

내 친구 중 한 명은 본론에 들어가기 전에 쓸데없는 이야기들을 끝없이 늘어놓은 뒤, 마지막에서야 마치 자기 말을 정당화하듯 결론을 맺곤 한다. 그 친구와 대화할 때마다 어떻게 하면 적절히 말을 끊고, 다른 사람들이 참여할 수 있도록 대화 분위기를 조율할까 고민하는 것이 나의 역할이 되었다. 대화 중 두서없이 횡설수설하는 사람은 결국 사회에서 도태될 가능성이 높다는 사실을 기억해야 한다. 상대방이 쉽게 이해할 수 있도록 핵심을 명확히 전달하는 능력이야말로 성공적인 커뮤니케이션의 기본이다.

9. 목소리가 클수록 설득력을 잃어간다

시쳇말로 '목소리 큰 사람이 이긴다'라는 말이 있지만, 실제로는 그렇지 않다. 오히려 약한 사람이 목소리를 더 크게 내는 경우가 많다. 목소리가 크면 클수록 신뢰감은 떨어지게 마련이다. 순간적으로는 권위를 주장하고 상대를 압도하는 듯 보일 수 있지만, 결국 주변에서 진정으로 그를 인정하는 사람은 없다. 사람들은 그를 '의견이 강한 사람'이 아니라, 단지 '목소리 큰 사람'으로만 기억할 뿐이다. 또한, 목소리가 클수록 제대로 전달되지 않는다는 서양 속담이 있다. 목소리를 키운다고 해서 설득력이 높아진다는 착각은 위험한 오류다.

'약한 개가 더 자주 짖는다'라는 말처럼, 대화에서도 약한 사람이 목소리를 높이려 한다는 사실을 기억해야 한다. 중요한 것은 소리의 크기가 아니라, 논리와 공감으로 상대를 설득하는 능력이다.

10. 급하게 말할수록 체한다

아무리 좋은 음식일지라도 급하게 먹게 되면 체하게 되어 있다. 아무리 좋은 내용이라 하더라도 급하게 말하면 제대로 전달되지 않고 소화불량에 걸린다. 급하게 상대를 설득하기 위해서 말을 한다면, 아무리 좋은 내용이더라도 서두르지 않고 말하는 것이 좋다. 대부분 사람들이 말하고 나서 후회하는 것 중 하나가 너무 서둘러서 말을 빨리 하다 보니 오히려 자기 뜻을 제대로 전달하지 못했다는 것이다. 좋은 음식이 몸에 좋은 것이 아니라 제대로 오래 씹어 먹는 음식이 좋은 음식이다. 말 또한 논리적으로 차분하게 말하는 사람이 이기게 되어 있다. 급한 상황일수록 역설적으로 차분하게 말하는 사람이 이기게 되어 있다는 것을 명심하면 모든 대화 테이블에서 승자가 될 수 있다.

08.

기성 세대와 MZ 세대가
공감 대화를 하는 기법

어떤 여인이 병원의 엘리베이터에서 아기를 분만하고는 매우 당황
해했다. 여인의 마음을 가라 앉히려고 간호사가 다독여 주며 위로
의 말을 건넸다.

"부끄러워하지 마세요. 3년 전에 병원 복도에서 해산한 사람도 있
었어요."

그러자 그 산모는 이렇게 말했다.

"그게 바로 나였다고요!"

우리가 대화법을 공부하는 이유는 보이지 않는 벽이 있는 누군가와
그 벽을 허물고 원활한 관계를 맺기 위한 것이다. 특히 껄끄러운 상대
를 만날 때 혹은 그런 상사나 부하와 같이 일할 때 효과적인 대화는 원
만한 일터를 만들고 성과를 창조하는 데 도움이 될 수 있다. 대부분 사

람들이 일 때문에 어려워하는 것이 아니라 소통 때문에 어려워하는 것은 바로 이러한 이유 때문이다. 그러니 말이 잘 풀린다면 일도 잘 풀리게 된다. 말을 못하는 사람은 없지만 제때 정확히 효과적으로 말하는 사람이 드물기 때문에 말은 늘 우리를 힘들게 한다.

강원국의 《어른답게 말합니다》라는 책에 이런 기법이 나온다.

첫째, 오락가락하지 않는다. 어제 한 말과 오늘 한 말이 일관되어야 한다. 그러려면 진심을 말해야 한다.

둘째, 배울 점이 있어야 한다. 듣는 사람이 얻는 게 없는 말은 '꼰대'의 잔소리에 불과하다.

셋째, 징징대거나 어리광 부리지 않는다. 감정을 절제하고, 내 입장만을 내세우지 않는다.

넷째, 나답게 말한다. 말이란 곧 나이기 때문이다. 내 말과 생각을 귀하게 대한다. 말이 거칠거나 투박해지지 않도록 노력한다.

저자는 대화에서 가장 중요한 것은 상대방을 배려하는 '눈높이 말하기'라고 강조한다. '눈높이 말하기의 7가지 기본 원칙'은 다음과 같다.

- 눈을 맞추고 말해야 한다.
- 성향을 맞춰야 한다.
- 속도를 맞춰야 한다.
- 관심사를 맞춘다.
- 스타일을 맞춘다.
- 수위를 맞춰서 말해야 한다.

- 수준을 맞춰야 한다는 것이다.

고수는 어려운 일도 쉽게 풀어 말하고, 하수는 쉬운 일임에도 어렵게 말한다. 그러므로 사람의 말을 보면 고수인지 하수인지 내공이 있는지 없는지를 알 수가 있다. 괴테의 말처럼 '말이란 곧 혼을 담는 그릇'이기 때문이다. 요즘 우리 사회는 세대 간 문해력이나 소통 문제로 고통을 겪고 있다. 특히 조직내에서 MZ 세대와 기성 세대 간의 간극이 커지고 있다. MZ 세대는 디지털 기술에 능숙하고, 개방적이며, 다양성과 유연성을 중시하는 특성이 있다. 이들과의 대화를 효과적으로 이끌기 위해 상사는 다음과 같은 기법을 사용할 수 있다.

MZ세대와 대화하는 기법

첫째, 유머와 친근함으로 소통한다

MZ 세대는 상사와의 격식보다는 수평적인 관계를 선호한다. 이들에게 효과적으로 다가가기 위해 상사는 유머를 적극적으로 활용할 수 있다.

유머는 경직된 분위기를 완화하고, 상사와 직원 간의 심리적 거리를 좁히는 데 유용한 도구다. 적절한 농담이나 상황에 맞는 웃음은 긴장감을 해소하고, 편안한 대화 분위기를 조성하는 데 도움을 준다.

둘째, 칭찬과 피드백의 균형을 맞춘다

MZ 세대는 인정과 피드백에 민감하다. 그래서 상사는 긍정적인 피드백을 자주 제공하며, 그들의 성과와 기여를 적극적으로 인정해야 한다.

단, 칭찬이 진정성 있게 전달되려면 구체적이고 명확해야 한다. 단순히 "잘했어."라고 말하는 것보다 "이 프로젝트에서 당신의 창의적인 접근 방식이 정말 인상적이었어."처럼 구체적인 칭찬이 더 효과적이다.

동시에 개선이 필요한 부분을 피드백할 때는 비판보다는 건설적인 조언 형태로 전달해야 한다. 이를 통해 MZ 세대가 피드백을 성장의 기회로 받아들이고, 더 나은 성과를 낼 수 있도록 도울 수 있다.

셋째, 경청과 공감의 태도를 갖는다

MZ 세대는 자신들의 의견이 존중받기를 원한다. 상사는 직원의 이야기를 경청하고, 그들의 생각과 감정을 이해하려는 노력을 보여야 한다. 경청은 상대방이 말하는 것을 단순히 듣는 것뿐만 아니라, 그 말의 의미와 감정까지 이해하는 것을 포함한다. "내가 네 의견을 이해했는지 확인하고 싶어. 네가 말한 게 맞는지…."와 같은 문장을 사용하여 직원의 의견을 재확인하는 것도 좋은 방법이다.

넷째, 투명성과 개방성을 존중한다

MZ 세대는 의사결정 과정에서 투명성과 개방성을 중요하게 생각한다. 상사는 팀의 목표, 전략, 변화에 대한 배경 정보를 투명하게 공유하고, 직원들의 의견을 수렴하는 자세를 보여야 한다. "이 부분에 대해 어떻게 생각해?"와 같은 질문을 통해 직원들의 참여를 유도하고, 그들의 의견을 반영하려는 노력을 보여줄 필요가 있다.

다섯째, 디지털 도구와 플랫폼을 활용한다

MZ 세대는 디지털 환경에 익숙하다. Slack, Microsoft Teams 등과 같은 협업 도구를 적극 활용하여 더 빠르고 유연한 소통을 할 수 있다. 이러한 도구를 통해 유머러스한 GIF나 이모티콘을 활용해 비공식적이고 친근한 커뮤니케이션을 시도해 볼 수 있다.

MZ세대 직원이 상사와 격의 없이 소통할 수 있는 기법

첫째, 공감과 존중의 태도를 갖는다

MZ 세대 직원은 상사와의 대화에서 상사의 입장을 이해하고, 공감하는 태도를 보여야 한다. 예를 들어, "부장님의 입장에서 보자면…." 이라는 표현을 사용하여 상사의 관점을 존중하고, 자신도 함께 생각하고 있음을 나타낼 수 있다. 공감을 표현하는 것은 상사와의 신뢰 관계를 구축하는 데 도움이 된다.

둘째, 열린 질문과 솔직한 의견을 제시한다

MZ 세대 직원은 대화 중에 열린 질문을 던지며, 솔직한 의견을 제시할 필요가 있다. "이 부분에 대해 어떻게 생각하세요?" 혹은 "이렇게 하면 더 효율적이지 않을까요?"와 같은 질문을 통해 상사의 의견을 구하고, 자기 생각을 솔직하게 전달할 수 있다. 이는 상사에게도 본인의 의견을 존중하고 고려하는 태도로 보일 수 있다.

셋째, 긍정적인 언어와 유머를 활용한다

상사와의 대화에서 긍정적인 언어와 유머를 적절히 활용하는 것도 효과적이다. 예를 들어 "오늘 회의가 정말 길었지만, 덕분에 중요한 걸 배웠어요!" 같은 긍정적인 언급이나, 상황에 맞는 가벼운 유머를 통해 대화의 분위기를 부드럽게 만들 수 있다. 유머는 상사와의 경직된 관계를 완화하고, 더 친근하게 소통할 수 있는 다리가 될 수 있다.

넷째, 솔직한 피드백을 요청한다

상사와 격의 없이 소통하기 위해서는 피드백을 주고받는 과정에서 솔직하고 개방적인 자세가 필요하다. "제 업무에 대해 피드백을 주시면 감사하겠습니다."와 같이 적극적으로 피드백을 요청하고, 받은 피드백에 대해 감사 표현을 하는 것이 중요하다. 피드백을 받는 과정에서 열린 태도를 보이면, 상사도 더욱 솔직하게 대화를 이어갈 수 있다.

다섯째, 비언어적 소통 기법을 활용한다

비언어적 소통은 상사와의 관계를 발전시키는 데 큰 역할을 한다. 눈을 맞추고, 미소를 짓고, 고개를 끄덕이며 반응하는 것은 상사에게 관심과 존중을 표현하는 방법이다. 이러한 비언어적 신호는 대화의 긍정적인 분위기를 조성하고, 상사와의 신뢰를 쌓는 데 도움을 줄 수 있다.

여섯째, 대화의 목적과 목표를 명확히 한다

MZ 세대 직원은 상사와의 대화에서 목적과 목표를 명확히 하는 것이 중요하다. 예를 들어, "이번 대화의 목적은 프로젝트의 방향성을 정하는 것입니다."와 같이 대화의 목표를 명확히 하면 상사도 대화의 초점을 더 잘 이해하고, 효율적으로 소통할 수 있다.

일곱째, 상사에게도 학습의 기회를 제공한다

MZ 세대는 상사에게 새로운 트렌드나 기술에 대한 정보를 제공하고, 상사가 모를 수 있는 부분을 친절하게 설명해주는 역할을 할 수 있다. 이를 통해 상사는 MZ 세대를 더 이해하게 되고, MZ 세대 역시 상사에게 가치를 제공하는 존재로 인식될 수 있다. 예를 들어 "이 새로운 소프트웨어를 통해 효율성을 높일 수 있을 것 같아요, 사용법을 알려드릴게요."라고 말할 수 있다.

직장에서 자신의 의견이나 주장을 상사에게 효과적으로 전달하고 설득하는 능력은 개인의 업무 성과와 커리어 발전에 매우 중요한 요소다. 이러한 능력은 단순히 자신의 아이디어를 인정받는 것을 넘어 조직 내에서 자신의 가치를 입증하고, 더 큰 책임을 맡을 수 있는 기회를 제공받는 데 중요한 역할을 한다. 또한 상사와의 관계를 원활하게 유지하고, 팀의 목표 달성에 기여하는 데 있어서도 필수적이다. 상사를 설득하기 위해서는 논리적 사고, 명확한 커뮤니케이션, 감정적 지능, 상사의 관점 이해, 적극적인 경청과 피드백 수용, 신뢰 구축, 적절한 타이밍 그리고 지속적인 학습이 필요하다. 조직 내에서 기성 세대와 MZ 세대 간의 벽 없는 소통 능력을 키워나가는 것은 행복한 일터를 만드는 길이며, 더 좋은 성과를 창출해 나가는 과정이다.

09.

소통 문제로 고민하는
심리 요인 5가지

자동차 사고로 죽은 네 명의 친구가 하늘나라로 가는 길에 사자에게 똑같은 질문을 받았다.

"장례식을 지켜보면서 친구나 가족들이 당신에 대해 어떤 말을 하길 원했소?"

첫 번째 사람은 이렇게 말했다.

"아주 유능한 의사였으며 훌륭한 가장이었다는 이야기를 듣고 싶었소."

두 번째 사람은 이렇게 말했다.

"아이들의 미래를 바꾸는 훌륭한 교사였다는 말을 듣고 싶었소"

세 번째 사람은 이렇게 말했다.

"저는 아주 훌륭한 기업가였으며 많은 일자리를 창출한 훌륭한 리더였다는 말을 듣고 싶었소."

그런데 마지막 사람의 말을 듣고 사자는 기절할 뻔했다.

네 번째 사람은 이렇게 말했다.

"저는 이런 이야기를 듣고 싶었소. 저거 봐! 저 사람 움직인다!"

흔히 질문을 잘하라고 강조한다. 하지만 더 중요한 것은 질문을 받았을 때 대답을 잘하는 것이다. 대답에 의해서 미래와 운명이 달라질 수도 있기 때문이다. 그러면 감동을 주고 마음을 움직이는 대답의 조건은 무엇일까. '虛(허)'를 찔러야 한다. 허를 찌른다는 것은 빈공간, 상대가 전혀 예상하지 못했던 대답을 함으로써 주도권을 잡아나가는 것이다. 그런데 대부분 사람은 허를 찌르지 못하고 상대의 혀를 찌른다. 그래서 상처를 내는 경우가 많다. 혀를 찌르는 사람과 자주 만나 협상하고 비즈니스 하기를 원하는 사람이 어디에 있을까. 세상은 혀를 찌르는 사람을 피하는 법이다.

어떤 유명한 강사가 청중들 앞에서 열변을 토하는 강의를 하고 있었다. 그런데 강의 도중 강의 내용에 불만을 가진 어떤 사람이 쪽지를 써서 강사에게 전달했다. 강사는 그 쪽지를 펼쳐 보니 이렇게 적혀 있었다.

'바보 자식'

하지만 그 강사는 당황하지 않고 청중들에게 이렇게 말했다.

"어떤 분이 편지를 쓰고 사인을 하지 않았다는 이야기를 들어본 적은 있는데, 이분은 편지는 쓰지 않고 사인만 하셨습니다."

이것이야말로 촌철살인이요, 허를 찌르는 대답이다. 많은 사람은 자신의 소통 능력이 부족하다고 느끼며, 이러한 감정은 다양한 심리적 요인들에 의해 복합적으로 영향을 받는다. 소통 능력은 단순히 언어적 표현의 문제가 아니라 감정, 자아상, 사회적 경험 그리고 타인과의 관계에서 비롯된 심리적 요인이 깊이 관련되어 있다. 이러한 요인들이 어떻게 소통 능력에 대한 자각에 영향을 미치는지 심리적 차원에서 분석해 볼 필요가 있다.

첫째, 재미있게 말하고 싶다는 욕망 때문이다

아무래도 말을 재미있고 유머스럽게 말하는 사람은 인기가 있고, 그 사람 중심으로 사람이 모이는 경향이 있다. 그래서 사람들은 누구나 어떤 모임이나 대화에서 유머 있고 재미있게 말하고 싶은 충동을 느낀다. 그런데 자신의 유머나 재미가 먹혀들지 않을 때 오히려 역효과가 나는데, 주눅 들게 하고 오히려 자신 있게 말할 수 있는 능력을 빼앗아가는 요인이 될 수도 있다. 그러니 무조건 유머 있게 재미있게 말하고자 하는 충동을 억제할 필요가 있다. 유머란 외워서 되는 것이 아니고 자연스럽게 위트 감각을 키울 때 나오기 때문이다.

둘째, 과거 경험과 학습된 행동 때문이다

과거에 소통에서 부정적인 경험 즉 무시당함, 비웃음, 실패 등을 한 사람은 그러한 경험이 반복될 것이라는 불안감 때문에 자신의 소통 능력을 과소평가할 수 있다. 특히 어린 시절의 경험은 성인이 되어서도 깊이 영향을 미치며, '나는 말을 잘 못한다'라는 고정관념이 형성될 수 있다. 이러한 학습된 행동 패턴은 스스로 소통 능력이 부족하다고 인식하게 만들며, 실제 대화 상황에서도 주저하거나 회피하는 경향을 강화하게 된다.

셋째, 사회적 비교와 상실감 때문이다

사람들은 종종 자신의 소통 능력을 타인과 비교한다. 특히 미디어나 사회에서 이상화된 소통 능력을 기준으로 삼게 되면, 자기 능력이 부족하다고 느낄 가능성이 커진다. 이는 현실에서 타인의 반응이나 피드백을 과대 해석하게 만들고, '나는 그들만큼 잘하지 못한다'라는 인식을 강화하여 소통에 대한 자신감을 잃는다.

넷째, 감정 조절의 어려움 때문이다

감정 조절 능력이 부족한 사람은 소통 과정에서 감정에 쉽게 휩쓸려 원활한 의사소통이 어려워질 수 있다. 예를 들어 분노, 불안, 긴장과 같은 감정이 강하게 작용하면 이성적인 사고가 방해받고, 자기 생각을 명확하게 표현하기 어려워진다.

이러한 감정적 동요는 대화 중 말을 더듬거나, 말의 흐름이 끊기거나, 비논리적으로 표현하는 결과를 초래할 수 있다. 결국 상대방에게 소통 능력이 부족하다는 부정적인 인상을 남길 위험이 있다.

다섯째, 사회적 불안감 때문이다

사회적 불안은 타인과의 상호작용에서 강한 불안감과 스트레스를 느끼는 상태로, 소통 능력에 대한 부정적 인식의 주요 원인 중 하나다. 사회적 불안을 겪는 사람은 대화 중 실수를 저지르거나 부정적인 평가를 받을 것이라는 두려움에 사로잡혀, 소통을 회피하거나 과도한 긴장을 하게 된다. 이러한 불안은 자신감 부족으로 이어지며, 대화 흐름을 방해하여 결국 소통 능력에 대한 부정적인 평가를 초래할 가능성이 크다.

여섯째, 자아상과 자존감의 문제다

자아상과 자존감은 소통 능력에 대한 인식에 큰 영향을 미친다. 자존감이 낮은 사람은 자신이 잘못 말할까 봐, 혹은 타인의 기대에 부응하지 못할까 봐 두려움을 느낀다. 이러한 불안감은 자신을 소통 능력이 부족한 사람이라고 인식하게 만들고, 대화 중 실수를 피하려는 소극적인 태도로 이어진다. 그 결과, 실제로 소통이 어려워질 가능성이 높아지고, 이는 부정적인 자아상을 더욱 강화하는 악순환을 초래할 수 있다.

이처럼 사람들이 자신의 소통 능력이 부족하다고 느끼는 이유는 심리적인 요인들과 깊은 관련이 있다. 이러한 요인들을 이해하고, 자기진단 항목을 통해 자신의 소통 능력을 객관적으로 평가함으로써, 더나은 소통 능력을 개발하는 데 도움을 받을 수 있다.

10.

달변가는 복잡한 상황을
간단하고 재미있게 말한다

어떤 회사에서 외국의 유명 인사를 초청하여 강연회를 열었다. 그
런데 갑자기 통역관이 낯선 단어에 직면했다. 분위기가 다운되고
강연장이 썰렁해지기 시작했다. 이때 통역관이 재치 있게 말했다.
"지금 이분께서 재미있는 조크를 하셨는데, 알아들었다고 웃으면서
박수를 보내 주세요."
강연장은 다시 활기를 되찾았다.

유머 리더가 사용하는 언어는 간단하고 핵심을 찌르는 내용이라야
한다. 간단명료하게 응대하는 방식이다. 말을 많이 할수록 설득하기
어려운 법이다. 그래서 나는 강연을 나갈 때마다 상대방과 KISS 하라
고 주문한다. 이른바 'KISS 대화법'이다.
첫째, 누구와 대화하든 '친절(Kindness)'해야 한다. 친절 그 자체만

으로도 무기가 될 수 있다. 특히 비즈니스에서의 친절한 언어는 생명과도 같다.

둘째, 어느 문제를 다루든 '인상적(Impressive)'이어야 한다. 즉, 기억에 남을 수 있는 메시지를 담아야 한다. 그러기 위해서는 흥미를 줄 수 있는 독특한 자기만의 연출이 필요하다.

셋째, 어떠한 이야기든지 '달콤(Sweet)'해야 한다. 이야기가 달콤하기 위해서는 그 마음속에 향기가 넘쳐야 한다. 이 향기가 바로 재미와 웃음을 주는 유머의 법칙이다.

넷째, '간단(Simple)' 명료해야 한다. 이야기를 질질 끄는 것은 상대에게 지루함을 주고 핵심이 없다는 인상을 줄 수 있다. 핵심적인 내용으로 상대의 마음 깊숙이 들어갈 수 있는 테크닉이 필요하다.

언제, 어디서든 'KISS 대화법'을 잘 활용한다면, 대화를 자기 주도하에 이끌어 갈 수 있다. 대화는 단지 언어를 전달하는 것 이상이라는 것을 항상 깨달아야 한다. 거기에 유머가 있다면, 이미 그 대화는 이긴 것이나 다름없다.

성공하는 사람들의 대화법 중 중요한 특징은 '간단하고 재미있게' 말하는 것이다. 복잡한 일을 간단하게 정리하여 전달하는 능력과 어려운 상황에서도 재미와 유머를 섞어 말하는 것은 상대방의 이해를 돕고, 호감을 얻으며, 긍정적인 분위기를 형성하는 데 큰 도움이 된다.

첫째, 복잡한 상황을 핵심 단어로 정리한다

복잡한 내용을 간단하게 전달하는 것은 상대가 쉽게 이해하고 기억할 수 있도록 돕는 중요한 대화 기술이다. 가장 중요한 기법은 핵심 메시지를 정의하는 것이다. 전달하고자 하는 내용의 핵심을 명확히 하고, 그것을 한두 문장으로 요약할 수 있어야 한다. 이를 위해서는 다음과 같은 질문을 스스로 해보는 것이 도움이 된다.

- 이야기의 핵심은 무엇인가?
- 상대방이 이 대화에서 기억해야 할 가장 중요한 점은 무엇인가?
- 내가 전달하려는 정보 중에서 무엇이 가장 가치가 있는가?

핵심 메시지를 명확하게 설정하면, 청중이 복잡한 내용을 더 쉽게 이해할 수 있다. 'KISS 대화법'은 '간단하게 유지하라'라는 의미로, 간결하고 직관적인 표현을 사용하여 메시지를 전달하는 전략이다. 이는 불필요한 복잡한 단어나 긴 문장을 피하고, 짧고 명확한 문장을 사용하는 것을 의미한다. 예를 들어, "회사는 재무 구조를 개선하기 위해 복잡한 전략적 조정을 할 예정입니다."라는 표현 대신 "회사는 돈을 더 잘 쓰기 위해 계획을 세우고 있습니다."라고 간단히 말할 수 있다.

어려운 개념을 이해하기 쉽게 설명하려면, 비유와 구체적인 사례를 활용하는 것이 좋다. 비유는 추상적인 개념을 일상적인 사물이나 상황에 비유하여 쉽게 이해할 수 있도록 돕는 도구이다. 예를 들어, "이 프로젝트의 구조는 복잡한 네트워크처럼 연결되어 있다."라는 표현 대신 "이 프로젝트는 여러 개의 퍼즐 조각이 맞물려 있는 것과 같다." 라고 말하면 더 쉽게 이해할 수 있다.

둘째, 피라미드 구조를 활용한다

피라미드 구조는 정보를 전달할 때 중요한 내용을 먼저 말하고, 그 후에 이를 뒷받침하는 세부 사항을 설명하는 방식이다. 이 방법은 상대가 전체 내용을 먼저 이해하고, 그 후에 구체적인 내용을 이해할 수 있도록 돕는다. 예를 들어 "회사의 매출이 증가했습니다. 이는 새로운 마케팅 전략 덕분이며, 고객 충성도가 높아졌기 때문입니다."라고 말함으로써 청중이 가장 중요한 정보를 먼저 알 수 있도록 한다.

셋째, 어려운 상황에서도 재미와 유머를 섞어 말한다

어려운 상황에서도 효과적으로 유머를 사용하는 것은 분위기를 부드럽게 하고, 긴장을 완화하며, 문제를 해결하는 데 도움을 준다. 하지만 적절한 유머를 사용하는 데는 몇 가지 중요한 전략이 필요하다. 유머는 예상치 못한 반응이나 과장된 표현을 통해 효과를 발휘할 수 있다. 예를 들어 회의 중에 모든 사람이 피곤해 보일 때 "지금 이 순간이 이렇게나 활기찰 수가 없네요!"라고 말하면, 웃음을 터뜨릴 수 있다. 예상 밖의 반응은 상황의 무거움을 덜어주고, 긍정적인 분위기를 조성하는 데 도움이 된다.

넷째, 스토리텔링을 통한 흥미를 유발한다

스토리텔링은 사람들의 관심을 끌고, 복잡한 내용을 쉽게 전달할 수 있는 강력한 방법이다. 이야기는 청중의 감정을 자극하고, 논리적인 정보보다 더 오래 기억에 남는다. 이를 위해서는 간결하고 흥미로운 이야기를 구성해야 한다. 이야기는 서두, 본론, 결론의 구조를 가지고 있어야 하며 간결하게 핵심 메시지를 전달해야 한다.

다섯째, 공감대를 형성해 나간다

이야기할 때 청중과의 공감대를 형성하는 것이 중요하다. 공감할 수 있는 경험이나 상황을 이야기의 소재로 선택하면, 듣는 사람은 더 깊게 몰입하게 된다.

결국 성공하는 사람들의 대화법의 비밀은 간단하고 재미있게 말하는 기술에 있다. 복잡한 내용을 간단히 정리하는 능력과 어려운 상황에서도 유머를 적절히 사용하는 기술은 연습을 통해 향상될 수 있다.

이러한 기법들을 효과적으로 활용하면 긍정적인 관계를 형성하고, 더욱 매력적이고 설득력 있는 대화를 이끌어낼 수 있다. 중요한 것은 상황과 상대를 고려하여 적절한 유머와 간결한 표현을 사용하는 것이다.

11.

AI 시대는 임팩트한
질문이 정답이다

어떤 직장인이 근무 시간에 짬을 내서 병원을 찾았다.

"집중도 안 되고, 답답하고, 소화도 안 됩니다"

의사가 잠시 진찰한 후 말했다.

"상사병입니다."

"네? 그럴리가요!"

의사는 웃으면서 말했다.

"직장 상사 때문에 생긴 상사병입니다."

인생에서 멈추지 말아야 할 것이 있다면 무엇일까? 바로 질문이라고 한다. 그러니 물어야 한다. 그렇지 않으면 물리게 된다. 이것을 '호문(好問)'이라고 한다. 공자는 불치하문(不恥下問)을 강조했다. 자기보다 못한 아랫사람에게 묻는 것조차 부끄럽게 여기지 않아야 한다는 뜻이다. 이런 호문 정신을 가져야 새롭게 배우고 새로운 콘텐츠와 역량을 개발할 수 있다. 또한 동료들에게도 자주 묻는 것이 좋은 대화법이다. '명령보다 더 강력한 것은 질문'이라고 한다. 명령은 움츠러들게 하고 질문은 마음을 열어 주기 때문이다. '질문이 세상을 바꿀 수 있다'라는 의미다.

우리는 이미 유대인 교육을 통해서 묻고 답하는 교육이 얼마나 위대한 성과를 내는지 알고 있다. 어떤 학자는 노벨상을 싹쓸이하는 유대인의 저력을 바로 식탁에서나 직장에서, 거리에서 묻는 것을 주저하지 않는 생활 습관에 있다고 진단하기도 한다. 묻는 자가 한 수 위라는 것을 입증하는 민족이 유대인의 질문법이다. 묻지 않으면 그냥 묻히기 때문이다. 그러니 'WHW 질문'을 입에 달고 살아야 한다. 'Why? How? What?'

질문이 멈추면 의문이 찾아온다. 질문의 결과는 '유레카' 하고 외치는 느낌표지만, 의문은 또 다른 의문을 낳을 뿐이다. 잭 캔필드(Jack Canfield)는 '질문이 없는 삶은 답이 없는 삶'으로 이어진다고 말한다.

요즘 세계적으로 화제가 되고 있는 AI도 내 편으로 만들려면 효율적으로 질문을 잘해야 한다. 인공지능이 아무리 유능하고 똑똑하다 하더라도 제대로 활용할 수 없다면, 무용지물이기 때문이다. AI를 효율적으로 활용하는 방법은 프롬프트(Prompt), 즉 명령어에 달려 있다. 어떤 키워드를 가지고 어떤 방식으로 질문하느냐에 따라서 천차만별의 답이 나올 수 있기 때문이다. AI 시대에 질문의 가치는 더욱 중요해지고 있다. 그래서 요즘 뜨고 있는 직업 중 하나가 '프롬프트 엔지니어(Prompt Engineer)'다. AI가 최상의 결과물을 낼 수 있도록 AI에 질문하고 대화하는 기술자다. 프롬프트 엔지니어가 각광받는 이유는 AI가 질문의 수준에 따라 완전히 다른 결과를 내놓기 때문이다. "캐묻지 않는 삶은 살 가치가 없다(A life without questions is not worth living)"고 일찍이 소크라테스는 말했다. 호기심을 갖고 파고드는 질문을 던져야 지금과 다른 낯선 세계로 들어가는 새로운 문이 열린다.

질문은 익숙한 세계에서 낯선 세계로 들어가는 관문이다. 질문 속에는 이미 해답이 녹아 있다. 사고의 틀에 박힌 정답을 찾는 것이 아니라, 획기적인 질문을 통해 창의적인 길을 모색할 때 삶이 바뀌고 새로운 세상이 열린다.

질문이 중요한 또 다른 이유 중 하나는 대화 중 적절한 질문을 던짐으로써 상대방의 마음을 열고, 그에 맞춰 효과적으로 대화를 이어갈 수 있기 때문이다. 일방적으로 자기 이야기만 늘어놓는 사람과 주제에 맞는 질문을 던지며 상대를 리드하는 사람의 차이가 곧 말을 잘하는 사람과 못하는 사람의 차이가 된다. 말을 잘하기 위해서는 일상에서 끊임없이 질문하는 연습과 훈련이 필요하다. 질문하는 자가 리드한다.

AI가 직장 내 다양한 업무에 도입되면서 우리는 더 빠르고 효율적인 업무 수행이 가능해졌다. 그러나 이와 동시에 인간관계의 중요성은 오히려 더 부각되고 있다. 특히 동료들과의 원활한 소통과 관계 유지를 위해서는 '질문'의 기법이 그 어느 때보다 중요해지고 있다. AI가 많은 일을 자동화하고 처리할 수 있지만, 사람들 사이의 신뢰와 협력은 여전히 인간적인 소통에 달려 있다. 이때 효과적인 질문 기법은 동료들과의 소통을 개선하고 긍정적인 대인관계를 유지하는 데 중요한 역할을 한다.

첫째, 질문은 대화의 흐름을 자연스럽게 이어가게 한다

AI가 제공하는 정보나 데이터는 객관적이고 사실적일 수 있지만, 사람과의 대화는 정서적이며 맥락적이다. 동료에게 질문을 던지면 상대방의 의견과 감정을 이끌어 낼 수 있고, 이는 상호 이해를 깊게 만든다. 예를 들어, "이번 프로젝트에서 어려운 점이 있었나요?"라는 질문은 동료가 직면한 어려움을 듣고 공감할 기회를 제공한다. 이러한 질문은 자연스럽게 대화의 기회를 늘리고, 서로를 이해하고 존중하는 분위기를 조성하는 데 도움을 준다.

둘째, 질문은 피드백의 기회를 만든다

AI 시대에도 피드백은 여전히 중요한 요소다. 동료에게 "이 부분을 개선할 방법이 있을까요?"와 같은 질문을 하면, 상대방의 생각과 아이디어를 존중하며 듣는 자세를 보여줄 수 있다. 이러한 질문은 상대방이 자신의 의견이 존중받고 있다고 느끼게 하며, 나아가 서로 간의 신뢰를 쌓는 데 기여한다. 효과적인 질문은 긍정적인 피드백 문화를 조성하고, 팀의 전반적인 성과를 향상시키는 역할을 한다.

셋째, 질문은 협력과 문제 해결을 촉진한다

AI가 방대한 데이터를 분석하고 패턴을 찾아줄 수는 있지만, 복잡한 문제 해결에는 여전히 인간의 창의적 사고와 협업이 필요하다.

동료에게 "이 문제를 해결하기 위해 어떤 접근법이 좋을까요?"라는 질문을 던지면, 다양한 관점을 공유하며 해결책을 모색할 기회를 제공할 수 있다. 이는 팀 내 협력 정신을 강화하고, 각자의 능력을 최대한 발휘할 수 있도록 돕는다.

적절한 질문을 던지면 상대방은 자신의 의견이 중요하게 다뤄지고 있다고 느낀다. 이는 긍정적인 대인관계를 형성하는 데 중요한 역할을 하며, 나아가 신뢰를 구축하는 데 기여한다. 질문을 통해 동료와 자주 대화를 나누면 서로의 생각과 감정을 더 깊이 이해할 수 있으며, 이러한 신뢰는 팀의 결속력을 높이고 공동 목표 달성을 위한 강력한 기반이 된다. 그러니 우리는 AI가 제공하는 편리함을 활용하는 동시에, 질문을 통해 더욱 인간적인 직장 문화를 만들어 나가야 한다.

12.

임팩트한 질문을
잘하는 사람들의 공통점 4가지

성공해서 30년 만에 고향에 내려간 사람이 있었다.

그는 길을 걷다가 옛날에 뵈었던 할머니를 만났다. 반가워서 어쩔
줄 몰라 하던 그는 할머니 손을 잡고 말했다.

"할머니, 아직도 살아 계세요?"

소통의 대가들은 질문의 고수다. 그들은 자신이 원하는 정보를 얻
고 상대방을 자기가 원하는 방향으로 설득하기 위해서 적절한 타이밍
에 질문을 던짐으로써 상대방 마음을 열고 리드한다. 원하는 소통은
일방적인 이야기가 아니라 질문을 주고받으면서 피드백 과정을 통해
서 성숙한 분위기를 만들 수 있다. 그래서 질문을 잘하면 얻을 수 있
는 이점을 다음과 같이 요약할 수 있다.

대화를 주도적으로 이끌 수 있다

질문을 던지는 사람은 주도적으로 대화 분위기를 이끌어갈 수 있다. 질문을 받은 상대는 거기에 답변해야 하니, 질문하는 사람은 원하는 방향으로 대화를 이끌 수 있고 상대를 설득하는 데 이점을 가질 수가 있다.

상대방의 관심과 참여를 유도할 수 있다

적절한 질문은 상대방의 관심을 이끌어낸다. 질문을 통해 상대방이 자신의 의견이나 경험을 나누고자 하는 욕구를 느끼게 하며, 대화를 활발하게 만든다.

원하는 정보를 얻을 수 있다

질문을 통해 상대방의 의견이나 관점을 듣고 이해할 수 있으며, 이런 과정을 통해 새로운 아이디어나 정보를 얻을 수 있고, 문제 해결에도 도움이 된다.

적절한 관계를 강화할 수 있다

적절한 질문은 상대방과의 관계를 강화할 수 있는 기회를 제공한다. 질문을 통해 상대방의 이해와 공감을 나타내며 신뢰와 친밀감을 증진시킬 수 있다.

원활한 소통 분위기를 만들 수 있다

적절한 질문은 대화의 흐름을 유지하고 의사소통을 원활하게 만든다. 상대방에게 질문을 하면서 대화가 양방향으로 진행되며, 상호 간의 이해와 협력을 촉진시킨다.

자기 계발을 이룰 수 있다

질문을 통해 문제를 다양한 관점에서 바라볼 수 있다. 상대방에게 질문을 하면서 새로운 아이디어나 관점을 얻을 수 있으며, 이를 통해 창의적이고 효과적인 문제 해결 방법을 발견할 수 있다. 또한 질문을 통해 자신의 지식과 이해를 확장시키고, 새로운 것을 익혀 나갈 수 있다.

우리는 말을 잘한다고 생각하면서도 막상 질문을 하라고 하면 망설인다. 학교나 기업 교육에서도 흔히 볼 수 있는 장면이다. "무엇이든지 질문을 해보세요." 하고 말하면 갑자기 고개를 숙이고 진지해지고 자신과 시선을 마주치지 않기를 간절히 바라는 것을 볼 수가 있다. 이렇게 질문에 서투른 이유 중 하나는 주입식 교육 때문이 아닐까 생각한다. 질문하고 토의하고 피드백을 주는 과정 없이 일방적으로 칠판에 있는 글씨를 받아쓰고, 강의를 듣고, 집에 오는 일이 반복되는 것이 우리나라 교육의 현실이기 때문이다. 그래서 나는 대학이나 기업체에서 교육할 때 한 가지 특이한 테스트를 거친다. 지금까지 배운 내용 중에서 효과적으로 질문을 뽑아보라는 것이다. 물론 여러 사람 앞에서 질문하는 것이 아니기 때문에 노트에 간단하게 정리는 할 수 있지만, 그 내용을 보면 서투르기 일쑤다.

질문을 효과적으로 잘하는 사람들의 공통점을 다음과 같이 요약할 수 있다.

호기심과 열린 마음을 갖는다

틀에 박혀 있는 사람일수록 답변을 잘한다. 반면에 그런 사람들은 질문을 못한다. 효과적인 질문을 잘하는 사람들은 호기심이 강하고 열린 마음을 가지고 있다. 그들은 새로운 아이디어나 관점을 탐구하며, 상대방의 의견이나 경험을 존중하고 이해하려는 데 적극적인 태도를 갖고 있다.

상대방에 대한 배려심이 크다

질문을 잘하는 사람들은 상대방을 존중하고 이해하려는 배려심이 있다. 그들은 상대방의 의견이나 감정을 존중하며, 상호 간의 이해와 신뢰를 증진시키는 데 중점을 두는 경향이 있다.

열린 대화를 즐긴다

폐쇄적인 대화를 즐기는 스타일은 대화 방식이 직선적이고 단조롭다. 반면에 질문을 잘하는 사람들은 개방적인 대화를 이끌어내는 데 능숙하다. 그들은 상대방과의 대화를 활발하게 이끌어가며, 상호간의 의사소통이 원활하고 효과적으로 이루어지도록 노력한다.

다양한 관점을 갖는다

질문을 잘하는 사람들은 자기 방식만을 고수하지 않고 유연한 사고를 하는 경향이 있다. 그들은 다양한 관점에서 상황을 바라보며, 새로운 아이디어를 받아들이고 문제를 상당히 여러 각도에서 바라보는 태도를 취한다.

반면에 질문이 서투른 사람들의 공통점도 있다. 우선 자기중심적인 언어를 사용한다. 또한 질문에 서툰 사람들은 대개 일방적이다. 상대방의 의견이나 경험을 듣는 대신, 자신의 의견이나 이야기를 중심으로 대화를 이끌어가는 경향이 있다. 그래서 서로 간에 대화가 한 방향으로 흘러가고 자신이 지나치게 말을 많이 하게 되어 원활한 대화가 이루어지지 않는다.

게다가 공감 능력이 약하고, 상대방에 대한 배려심이 부족하다. 상대방에 대한 배려심이 없는 사람일수록 질문을 하지 못하고 자기 중심의 이야기를 늘어놓는다. 또한 다른 사람의 관점이나 경험에 관심이 없는 경우가 많다. 그러다 보니 상대방의 말에 공감하지 못하고 대화가 단조롭게 흘러간다.

13.

프로는 유머로
급소를 찌른다

우리가 먹는 음식 중에는 사람의 소원을 들어주는 음식이 있다. 무엇일까?

'죽'이다

왜 죽이 사람의 소원을 들어줄까?

옛날부터 이런 말이 있다.

"죽은 사람의 소원을 들어준다!"

유머는 사람과 사람을 이어주는 가장 부드럽고 신뢰감 넘치는 다리가 된다. 가정이나 대인관계, 비즈니스, 서비스, 리더십, 교육 등 모든 분야에서 마찬가지이다.

어떤 상황에서든 우리가 사용하는 말은 품위가 있어야 한다. 믿음이 있어야 하고, 공감할 수 있어야 한다. 설득력이 있게 상대방 수준에 맞는 언어를 사용해야 한다. 그리고 유머적이어야 한다. 협상에서 이기고 유리한 입장에 서기 위해서는 언제나 말이 진실에 바탕을 두어야 한다. 듣기 좋은 말이나 입가에 맴도는 미사여구는 한순간의 승리를 얻는 데 도움이 될지 모르나 거래 관계를 지속시키고 협상력을 향상시키는 데는 도움이 되지 못한다.

협상 테이블에서는 좌뇌로 사고하고 우뇌로 말하자. 유머를 효과적으로 활용하는 리더가 되려면, 우뇌를 집중적으로 연구하고 발전시키는 노력이 필요하다. 논리적 설득에는 한계가 있는 법이다. 우뇌에 에너지를 불어넣어 상호 간 만족과 환희를 느낄 수 있도록 엔도르핀을 활성화해야 한다. 그것이 협상의 흐름을 주도하는 길이다.

닉슨은 대통령 선거에서 케네디에게 패배했다. 젊은 애송이에게 졌다는 사실이 분하기도 했지만, 그는 그 이유를 정확히 알지 못했다. 그러던 어느 날, 자신의 선거 포스터와 신문, 방송에 나온 사진을 다시 살펴보다가 결정적인 차이를 발견했다.

닉슨은 늘 굳게 입을 다문 채 심각하고 진지한 표정뿐이었지만, 케네디는 항상 미소를 머금고 따뜻한 신뢰의 메시지를 전하고 있었다. 그 순간, 닉슨은 자신이 패배한 이유가 바로 웃음이 없는 얼굴 때문임을 깨달았다. 그때부터 그는 매일 거울을 보며 웃는 연습을 하고, 웃음 스트레칭을 시작했다. 그리고 마침내 다음 대통령 선거에서 승리할 수 있었다. 닉슨을 잘 아는 사람들은 그의 당선 비결을 이렇게 설명한다.

"닉슨이 대통령이 된 것은 굳은 얼굴을 바꿨기 때문이다."

한 번 웃으면 인상이 바뀌고, 매일 웃으면 인생이 바뀐다. 닉슨의 사례는 이 단순한 진리를 다시금 확인시켜 준다.

의학 용어 중 '비사용성 위축(Disuse atrophy)'이라는 개념이 있다. 사용하지 않으면 퇴화한다는 뜻이다. 얼굴 근육도 마찬가지다. 웃지 않으면 근육이 굳고, 결국 우리의 삶까지 경직될 수 있다. 서양에서는 '웃음은 뇌에서 나오는 방귀'라고 말한다. 당신은 어떤 얼굴로 세상에 나설 것인가? 방귀를 참아 얼굴이 노랗게 변한 채 나설 것인가, 아니면 세상을 녹일 아름다운 미소로 나설 것인가? 지금 당장 선택하자.

"상대방이 이해하는 언어로 이야기하면 그는 머리로 받아들이지만, 상대방이 쓰는 언어로 이야기하면 그는 마음으로 받아들인다."

넬슨 만델라의 말이다. 소크라테스 역시 "상대방의 언어로 말하라." 하고 말했다. 그래야 친밀감이 형성되고, 공감의 깊이와 신뢰가 빠르게 쌓인다. 그러니 누군가와 협상하거나 설득할 때는, 먼저 그가 사용하는 언어나 선호하는 표현 방식을 파악하는 것이 원칙이다. 한비자도 최고의 화술은 화려한 말솜씨가 아니라 상대의 마음을 읽는 능력에 있다고 했다.

더 나아가, 설득의 핵심은 상대의 치명적인 약점, 즉 '역린(逆鱗)'을 건드리지 않고 감싸는 데 있다고 강조했다.

언젠가 실직자를 위한 창업 강좌에서 강사로 참여한 적이 있었다. 창업의 자세와 비전, 마케팅 기법과 재테크에 대해 강의하고 있던 중, 한 수강생이 갑자기 질문을 던졌다.

"임 교수님은 사업을 해보셨습니까?"

뜻밖의 도전적인 질문에 순간적으로 당황했다. 마치 내 강의가 공허한 이론뿐이라는 식의 불만처럼 들렸다. 질문이 나오자 강의실 분위기는 얼어붙었고, 다른 수강생들도 마치 그의 편을 드는 듯한 눈치였다. 그때 나는 담담하게 대답했다.

"사업을 해본 적은 없습니다. 그런데 제 강의에 문제가 있습니까?"

그러자 그는 더욱 의기양양하게 되물었다.

"경험도 없는 분이 어떻게 그렇게 자신 있게 말할 수 있지요?"

강의실 분위기가 다시 술렁이는 듯했다. 그러나 나는 유머로 반격하며 분위기를 전환했다.

"남자 산부인과 의사는 아이를 낳아본 경험이 없는데도 어떻게 아이를 잘 받아낼까요?"

이 한마디에 강의실은 웃음바다가 되었고, 나는 자연스럽게 분위기를 주도할 수 있었다.

유머는 상대의 급소를 찌를 수 있는 강력한 무기다. 적절한 타이밍에 유머를 활용하면 분위기를 반전시키고, 사람들의 관심과 공감을 끌어낼 수 있다. 나는 그날 '고수는 유머로 급소를 찌른다'라는 평소의 철학을 다시금 확인했다. 그리고 언제나 탁월한 유머 감각을 물려주신 어머니께 깊이 감사하는 마음을 갖는다.

14.

탈무드에서 배우는
임팩트 대화법 7가지

대화법을 이야기할 때 가정이나 학교 혹은 직장에 나가서 항상 〈탈무드〉를 읽어 보라고 권한다. 〈탈무드〉는 수세기에 걸쳐 다듬어진 지혜의 보고다. 그 안에는 흥미로운 이야기, 간결한 표현, 유머, 예화, 스토리가 풍부하게 담겨 있다. 나의 말솜씨를 키워준 것도 바로 이 책이었다.

중학생 시절, 시골 사랑방에서 우연히 발견한 〈탈무드〉는 내 인생을 바꾸어 놓았다. 이 책은 내가 '말로 먹고사는 직업'을 선택하게 했고, 지금 이 글을 쓰게 만든 원동력이 되었다. 〈탈무드〉는 내게 엄청난 자산이다.

가끔 이런 질문을 받는다.

"어쩜 그렇게 유머 감각이 뛰어나세요?"

그럴 때마다 나는 자신 있게 대답한다.

"어려서부터 〈탈무드〉를 읽었기 때문입니다."

〈탈무드〉는 단순한 유대교의 경전이나 법률서가 아니다. 수 세기 동안 유대인의 삶과 사고방식을 형성해온 중요한 문헌이며, 그 안에는 유머, 예화, 스토리, 교훈 그리고 간결성이 녹아 있다. 이러한 요소들은 현대의 대화법을 향상시키는 강력한 도구가 될 수 있다. 탈무드를 통해 배울 수 있는 다섯 가지 대화법은 다음과 같다.

첫째, 유머를 통해 친근감을 준다

〈탈무드〉는 심오한 교훈을 전달하면서도 유머를 사용하여 독자나 청중에게 친근하게 다가간다. 유머는 복잡한 주제를 쉽게 이해하게 만들고, 대화의 긴장감을 완화시키며, 사람들 사이의 장벽을 허물어준다. 〈탈무드〉 속 이야기들은 종종 예상치 못한 결말이나 풍자적인 요소를 통해 독자에게 웃음을 주며, 동시에 중요한 교훈을 전한다. 〈탈무드〉에는 수도 없이 많은 재미와 유머 거리가 들어 있다. 그래서 글쓰기나 말하기 교재로 전 세계에서 〈탈무드〉가 읽히고 있는 것이다.

둘째, 예화를 통해 복잡한 개념을 쉽게 전달한다

〈탈무드〉는 복잡한 법적, 도덕적 개념을 설명하기 위해 다양한 예화를 사용한다. 이러한 예화들은 추상적인 개념을 현실적인 상황에 적용하여 그 내용을 더 쉽게 이해할 수 있도록 돕는다. 예화는 독자가 직접 경험하지 못한 상황을 간접적으로 체험하게 함으로써 교훈을 깊이 새길 수 있게 한다. 대화에서 예화를 활용하면 상대방이 쉽게 이해하지 못할 복잡한 개념이나 메시지를 명확하게 전달할 수 있다. 특히, 설득이 필요한 상황에서 예화는 강력한 도구가 된다. 예화는 사실과 논리의 틀에서 벗어나 감정적 연결을 가능하게 하고 청중이 자신을 이야기 속 인물에 대입하게 만들어 메시지를 더 깊이 받아들이게 한다.

예를 들어 직장에서 새로운 전략의 중요성을 강조할 때 "한 농부가 작은 씨앗을 심었을 때, 그 씨앗이 나중에 큰 나무로 자라나 열매를 맺는 것처럼, 우리의 작은 변화도 시간이 지나면 큰 성과를 가져올 것입니다."라는 예화를 활용할 수 있다. 이를 통해 복잡한 전략적 개념을 청중이 쉽게 이해하고 공감할 수 있게 된다.

셋째, 스토리텔링을 통하여 설득력을 높인다

〈탈무드〉는 스토리텔링의 정수를 보여주는 문헌이다. 많은 이야기가 교훈을 전달하는 데 활용되며, 각 이야기는 도덕적 · 윤리적 문제를 다루면서도 독자에게 강렬한 인상을 남긴다. 탈무드의 이야기는 단순한 정보 전달에 그치지 않는다. 듣는 이를 이야기 속으로 몰입하게 만들고, 그 과정에서 자연스럽게 교훈을 얻도록 유도한다.

대화에서도 스토리텔링 기법은 설득력을 극대화하는 강력한 도구가 된다. 사람들은 단순한 사실보다 이야기 속에서 더 큰 감동을 느낀다. 그리고 그 감정적 반응이 행동으로 이어질 가능성이 훨씬 높다.

스토리텔링은 단순한 메시지 전달이 아니다. 청중이 메시지를 '체험'하도록 만들어 기억에 오래 남게 한다. 이처럼 스토리텔링을 활용하면 메시지가 더 강한 울림을 주고, 상대의 마음을 움직일 수 있다.

넷째, 교훈을 통하여 핵심 메시지를 전달한다

〈탈무드〉는 각 이야기를 통해 독자에게 명확한 교훈을 전달한다. 그 교훈들은 간결하고 직관적으로 표현되며, 독자에게 깊은 인상을 남긴다. 탈무드는 복잡한 철학적 개념이나 도덕적 딜레마를 단순화해 누구나 쉽게 이해할 수 있도록 만든다.

대화에서도 핵심 메시지를 명확하게 전달하는 능력이 중요하다. 요점을 간결하게 표현하면 상대방이 쉽게 이해하고 오래 기억할 수 있다. 또한, 교훈은 대화의 결론을 강조하거나 중요한 논점을 뒷받침하는 역할을 한다. 이를 통해 대화의 목적이 더욱 분명해지고, 설득력이 강화된다.

다섯째, 간결성을 통하여 명확한 소통 능력을 준다

〈탈무드〉는 복잡한 문제를 다루면서도 때로는 간결한 문장으로 그 문제의 핵심을 찌른다. 이는 독자에게 불필요한 혼란을 줄이고, 메시지의 본질에 집중하게 만든다. 간결한 표현은 독자나 청중이 중요한 정보를 놓치지 않도록 하며, 쉽게 이해할 수 있게 만든다. 대화에서 불필요한 장황함을 피하고, 간결하고 명확하게 말하는 것은 상대방의 이해를 돕고, 대화의 효과를 극대화하는 방법이다. 간결한 표현은 상대방이 중요한 메시지를 빠르게 이해하게 하고, 대화의 흐름을 방해하지 않으면서도 핵심을 전달하는 데 유용하다.

여섯째, 다양한 관점을 제시한다

〈탈무드〉는 다양한 관점을 존중하며, 서로 다른 의견이 공존할 수 있음을 강조한다. 대화란 단순히 의견을 주고받는 것이 아니라, 다양한 관점을 조화롭게 연결하고 새로운 해결책을 모색하는 과정이다. 서로 다른 시각을 수용하는 것은 창의적이고 포용적인 사고로 이어지며, 이를 통해 보다 깊이 있는 통찰을 얻을 수 있다.

〈탈무드〉는 수많은 이야기와 논쟁을 통해 관점 전환의 중요성을 강조한다. 하나의 정답이 아니라, 다양한 해석과 해결책이 존재할 수 있음을 보여준다.

일곱째, 논리적 사고와 분석력을 키운다

〈탈무드〉에서는 논리적 사고와 분석을 통해 문제를 깊이 있게 탐구한다. 복잡한 문제에 대한 다각적인 접근과 분석을 통해 결론에 도달하는 과정을 강조한다. 이 기법은 현대의 비판적 사고와 논리적 설득에 큰 도움을 줄 수 있다.

〈탈무드〉의 지혜를 통해 대화법을 향상시키는 것은 고대의 교훈을 현대의 소통에 접목하는 훌륭한 방법이다. 유머, 예화, 스토리텔링, 교훈, 간결성 등의 요소들은 〈탈무드〉가 제공하는 중요한 대화 기법이며, 이를 효과적으로 활용하면 대화의 설득력과 공감을 크게 향상시킬 수 있다. 〈탈무드〉를 통해 얻은 이 일곱 가지 기법을 꾸준히 연습하고 실생활에 적용한다면, 누구나 더 나은 대화의 달인이 될 수 있다.

15.

유머로 웃으면서
상황을 역전시킨다

두 손님이 식당에 들어오더니 음료수를 주문하고 나서 가방에서 도
시락을 꺼냈다. 이때 종업원이 다가와 말했다.

"우리 식당에서는 손님이 직접 싸 온 음식은 드실 수 없습니다."

그러자 두 손님은 잠시 머뭇거리더니 각자 싸 온 음식을 서로 바꿔
먹기 시작했다.

'궁하면 통한다'라는 말이 있다. 그러나 지혜가 있어야 한다. 그 지
혜가 재미있는 유머 감각이 아닐까? 웬만한 종업원은 이 상황에서 화
낼 수 없을 것이다. 뛰어난 유머 감각은 이처럼 상대를 무장해제 시키
고 웃음을 나누게 만든다. 그런 면에서 재치 있는 유머 한 마디는 돈
이 되고 위기를 극복하는 아이디어가 되는 것이다. 그래서 유머는 전
략 중 전략이라고 말한다. 특히 재치 있는 유머 화술은 상대를 내 편

으로 만들고 거리감을 없애는 좋은 전략이다.

"유머 갑옷을 입고 다녀라. 뛰어난 언변으로 주위의 시선을 끌어들이고 인기짱으로 부각된다. 어떤 역경에서도 안전하게 지켜주는 것이 유머감각!"이라고 유머 경영 컨설턴트 말콤 큐슈너는 말한다.

웃는 사람 주변에 사람이 많이 몰리는 이유는 무엇인가? 웃는 사람에게서 믿음과 신뢰를 더 많이 갖는 이유는 무엇인가? 왜 사람들은 유머형 리더를 존중하고 그들과 함께 어울리기를 바라는가? 직장인에게는 오직 두 부류의 일꾼들이 있다. 똑같은 일을 하면서도 즐겁게 일하는 사람과 그렇지 못한 사람이다. 즐겁게 일하는 사람은 회사를 이끌어 가는 사람이고, 그렇지 못한 사람은 어느 직장에 근무하든 타성에 물들어 있고 수동적으로 끌려다니는 사람이다.

유머가 있는 삶은 나 자신은 물론 주변 사람들, 나아가 조직의 분위기 혁신에도 기여하여 생산성을 향상시키고 업무 능률을 통한 비용 절감에도 기여한다. 유머는 낯선 사람을 오랜 친구처럼 편하게 대하게 하여 거래를 쉽게 성사시키고, 감성을 자극해 숨겨진 잠재 능력과 창의성을 발휘하게 한다.

S생명보험에 다니는 김 팀장은 유머가 위기를 기회로 바꿀 수 있는 도구라고 말한다. 그 전에 다니던 회사에서 어느 날 명퇴를 당한 김 팀장은 선배의 권유로 보험업계에 뛰어들었다. 워낙 평소에 말재주가 뛰어나고 사람 사귀기를 좋아하는 그였지만, 먹고살기 위한 수단으로 사람을 만나다 보니 어색하고 고객과의 거리감을 좁힐 수 없었던 김 팀장에게 획기적인 변화를 가져온 것이 바로 회사에서 실시한 연수

교육이었다. 이틀간의 교육 중 한 시간 정도 실시된 '웃음과 세일즈'라는 특강이 그의 인생을 바꾸어 놓은 것이다.

"웃음은 상대방의 문을 열게 해요. 굳이 보험 이야기를 꺼내지 않아도 왜 방문하는지는 고객이 이미 알고 있으니까, 판매보다는 재미있는 세상살이 이야기가 거래를 성사하고 친분을 쌓는 데 그만이지요."

김 팀장은 그날 교육 이후로 매일 유머 기사를 수집하고 이를 영업에 어떻게 활용할까를 고민하는 것이 일과가 되었다.

유머 기술은 일터를 즐겁게 만들고, 대인관계를 부드럽게 하며, 비용을 절감하고 성과를 높이는 윤활유 역할을 한다. 유머 감각이 부족한 사람이라면 밥 로스의 말을 기억할 필요가 있다.

"좋은 유머 감각 없이 세상을 살아가는 것은 마차에 돌을 가득 싣고 울퉁불퉁한 길을 가는 것과 같다. 유머는 우리 삶에서 충격 흡수 장치 역할을 한다."

오늘부터 유머를 장착하자. 그러면 업무가 달라지고, 대인관계가 좋아지며, 결국 당신의 인생이 변화할 것이다. 세상은 웃는 사람을 존중한다. 웃는 사람 곁에 사람이 모인다. 유머는 목표를 쉽게 이루도록 돕는 사다리이며, 세상을 내 편으로 만드는 강력한 자산이다.

링컨이 하원의원에 출마했을 때의 일이다. 합동 유세에서 그의 라이벌 후보는 링컨이 신앙심이 별로 없는 사람이라고 비난하고 나섰다. 신앙심이 없는 사람은 믿음을 줄 수 없고, 미국의 지도자가 될 수 없다는 식의 연설이었다. 그리고 청중을 향해 이렇게 외쳤다.

"여러분 중에 천당에 가고 싶은 분은 손을 들어보세요?"

그 자리에 참석한 청중들 모두가 손을 들었다. 그러나 링컨만은 손을 들지 않았다. 그러자 그는 링컨을 향해 조소하듯이 소리쳤다.

"링컨, 그러면 당신은 지옥으로 가고 싶다는 말이오?"

이 말을 들은 링컨은 웃으며 군중을 향해 외쳤다.

"천만의 말씀입니다. 나는 지금 천당도 지옥도 가고 싶지 않소. 나는 지금 국회의사당으로 가고 싶소."

유권자들은 재치 있는 그의 유머에 감동했다. 유권자들은 링컨에게 박수를 보냈고 링컨은 유머 한 마디로 상황을 반전시켰다. 이런 재치 있는 유머에 공격당한 상대는 오히려 수세에 몰릴 수밖에 없다. 이처럼 유머 한 마디에는 곤경을 벗어나게 하고, 상황을 자기중심으로 유리하게 이끌어 갈 수 있는 힘이 숨겨져 있다.

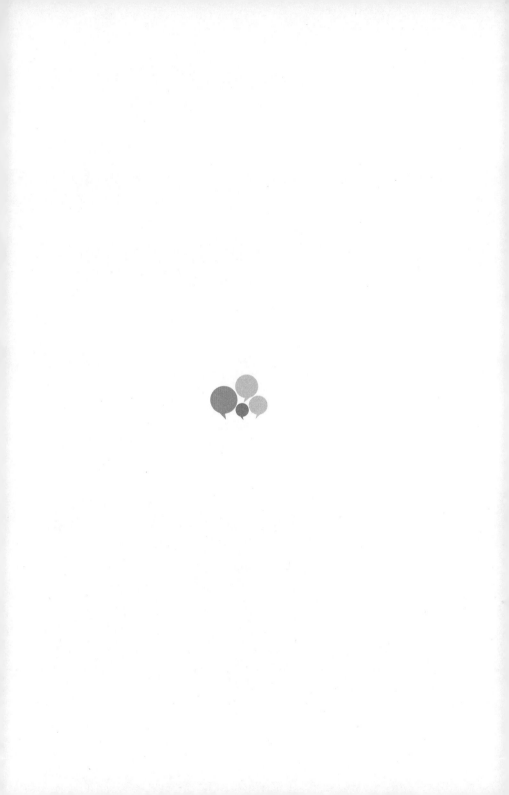

Part 3

어떻게
의미(Meaning) 있게
말할까?

HIM 있게 말해야 살아남는다. 성공한 사람들은 "HIM"있게 말한다. 유머스럽고 (Humor), 임팩트(Impact) 있게, **의미(Meaning)**를 공유한다.

대화에서 진정성 있는 의미를 주고받는 것은 신뢰를 형성하고 깊은 유대감을 만들어 소통의 질을 높인다. 이는 서로의 감정과 생각을 진심으로 이해하고 공감할 수 있게 해주며, 대화의 필요성을 강화한다.

01。

의미가 전달되지 않으면
100% 실패한 대화다

어느 가정에 남편이 명퇴(명퇴)를 당해서 동태 상태로 집에 왔다. 우
울한 모습으로 집에 들어오는 남편을 아내가 반갑게 맞이했다.

"직장 그만뒀다면서! 천만다행이야. 얼마나 잘된 일인지 몰라."

남편은 놀라면서 물었다.

"지금 나를 놀리는 거야?"

이에 아내가 안아주면서 말했다.

"이제 당신은 직장암에 걸릴 일이 없잖아!"

위기 속에서 유머 넘치는 아내의 소통과 배려가 진정한 의미 있는
대화 방식이다. 우리는 끊임없이 소통을 하지만 정작 깊은 공감에 이
르지 못하는 대화가 많다. 서로의 의견을 듣고 말을 주고받는 과정에
서 소통은 이루어지지만, 그 대화가 끝난 뒤에도 상대방의 감정이나

생각이 이해되지 않을 때가 많다. 이는 단순히 정보를 주고받는 것과 진정한 의미를 전달하는 것이 다르기 때문이다. 소통에서 공감이 이루어지기 위해서는 단순한 정보의 전달을 넘어, 의미가 제대로 전달될 수 있는 언어와 어휘의 선택이 중요하다.

대화의 목적은 단순히 말을 주고받는 것이 아니라 그 속에 담긴 의미를 전달하고 공유하는 데 있다. 의미가 제대로 전달되지 않으면 오해가 생기고, 대화는 비생산적이거나 갈등을 일으킬 수 있다. 대화의 의미를 명확하게 전달하는 것은 사람 간의 관계, 업무, 협력에 있어서 매우 중요하다.

의미 전달이 중요한 이유

대화에서 의미가 정확히 전달되지 않으면, 상대방은 잘못된 해석을 할 가능성이 크다. 이는 불필요한 갈등을 초래하거나 의사소통 단절로 이어질 수 있다. 그래서 명확한 의미 전달은 오해를 줄이고, 상호 신뢰를 구축하는 필수 요소다.

대화는 종종 특정 목적을 가진다. 그 목적이 문제 해결이든, 정보 전달이든, 원하는 결과를 얻기 위해서는 의미가 제대로 전달되어야 한다. 예를 들어, 업무 회의에서 지시 사항이 명확하지 않으면, 과제 수행에 차질이 생길 수 있다. 또한, 대화는 정보뿐만 아니라 감정도 전달하는 수단이다. 자신의 감정을 올바르게 표현하지 못하면, 상대방이 오해하거나 왜곡된 감정을 느낄 수 있다. 정확한 의미 전달이 이루어져야 상대방이 공감할 수 있고, 더 깊은 관계로 발전할 수 있다.

결국, 명확한 의미 전달은 인간관계를 형성하고 유지하는 데 핵심적인 요소다. 서로의 말을 정확히 이해하고, 공감하며 의미를 공유할 때 관계는 더욱 깊어지고 신뢰가 쌓인다. 반대로, 의미가 불분명한 대화는 관계를 악화시키거나 단절시킬 위험이 있다.

소통과 공감의 차이

소통은 정보, 생각, 감정을 주고받는 행위다. 우리는 일상적으로 다양한 대화를 나누며 자신의 생각을 표현하고 상대의 의견을 듣는다. 그러나 상대의 말을 듣고도 그 내면에 담긴 의미를 이해하지 못하거나 감정을 느끼지 못하는 경우가 많다. 정보가 전달되었더라도, 그 속에 담긴 깊은 의미까지 전달되지 않았기 때문이다.

공감이란 단순한 정보 교환을 넘어 상대의 입장에서 그 생각과 감정을 느끼는 것이다. 단순히 말을 듣는 것만으로는 충분하지 않으며, 말의 진정한 의미를 전달하려면 단어뿐만 아니라 그 단어가 가진 감정과 맥락까지 고려한 대화가 필요하다. 결국, 진정한 소통은 공감을 기반으로 한다. 단순한 단어 나열이 아니라 상대방의 감정을 이해하고 공유하는 대화가 이루어질 때, 소통은 비로소 완성된다.

대화는 하는데 의미가 전달되지 않는 이유

소통이 원활하게 이루어지지 않는 가장 큰 이유는 표현이 부정확하거나 어휘력이 부족하기 때문이다. 자신이 말하고자 하는 바를 정확하게 전달하지 못하면 상대방은 그 말을 오해하거나 깊이 이해하지 못할 가능성이 크다. 특히 감정적인 주제나 복잡한 개념을 다룰 때 적절한 어휘를 사용하지 못하면 대화가 피상적인 수준에서 머물 수밖에 없다.

문장 구성 또한 의미 전달에 중요한 영향을 미친다. 핵심이 되는 문장이 모호하거나 지나치게 길어지면 듣는 사람이 의미를 명확하게 파악하기 어렵다. 이럴 경우, 표면적으로는 대화가 이루어졌다고 해도 그 안에 담긴 본질적인 의미는 상대방에게 제대로 전달되지 않는다. 의미가 전달되지 않으면 상대방은 대화에 공감하기 어려워지고, 결국 깊이 있는 소통으로 이어지지 못한다.

공감을 이끌어내기 위해서는 무엇보다도 언어의 선택과 어휘력이 중요하다. 적절한 단어와 표현을 사용해야 자기 생각을 정확하게 전달할 수 있으며, 상대방도 그 의미를 올바르게 이해할 수 있다. 특히 감정을 표현할 때는 더 세심한 어휘 선택이 필요하다. 예를 들어 "화가 났다"라는 말보다는 "배신감을 느꼈다"라거나 "실망스러웠다"와 같이 구체적인 표현을 사용하면 상대방이 감정을 더 잘 이해하고 공감할 수 있다.

어휘력은 대화의 질을 결정짓는 핵심 요소다. 풍부한 어휘를 갖추고 있으면 다양한 감정과 상황을 세밀하게 표현할 수 있어 의미가 더욱 정확하게 전달된다. 반면 어휘력이 부족하면 대화가 단조로워지고, 전달하고자 하는 깊은 감정이나 생각이 제대로 표현되지 않는다. 이는 공감이 이루어지지 않는 중요한 원인 중 하나다. 결국, 효과적인 소통을 위해서는 풍부한 어휘를 익히고 감정을 섬세하게 표현하는 연습이 필요하다.

대화에서 의미를 효과적으로 전달하려면 핵심 문장을 구성하는 능력이 중요하다. 핵심 문장은 대화의 중심 메시지를 명확하게 전달하는 역할을 하며, 이를 통해 대화의 흐름을 조율할 수 있다. 핵심이 분명하지 않으면 대화는 산만해지고 의미가 분산되며, 상대방이 대화의 목적이나 본질을 제대로 이해하지 못하게 된다. 결국, 공감으로 이어지지 않고 대화는 피상적인 수준에서 머물게 된다.

핵심 문장을 효과적으로 구성하기 위해서는 먼저 대화의 목적을 명확히 설정하고, 그 목적에 맞는 문장을 간결하고 명료하게 표현하는 것이 중요하다. 복잡한 설명을 장황하게 늘어놓기보다 짧고 직관적인 문장을 사용하는 것이 훨씬 효과적이다. 예를 들어, 상대방에게 자신의 감정을 설명할 때 "나는 네가 나를 무시하는 것 같아서 속상했어."라는 문장은 상대가 메시지를 쉽게 이해하고 공감하도록 돕는다. 반면, 같은 내용을 장황하게 설명하면 오히려 상대방이 요점을 파악하지 못하고 혼란스러워할 수 있다.

핵심을 찌르는 문장을 사용하면 상대방이 메시지를 더 빠르게 받아들이고, 그 상황을 보다 깊이 이해하며 공감할 가능성이 높아진다. 그래서 의미 있는 대화를 위해서는 명확한 핵심 문장을 만들고, 이를 효과적으로 전달하는 능력을 키우는 것이 필수적이다.

의미 전달을 통한 공감이 진짜 대화

결국 소통에서 공감을 이루기 위해서는 단순한 정보 전달을 넘어 의미를 명확하게 전달할 수 있는 능력이 필요하다. 의미가 정확히 전달될 때 상대방은 단순히 내용을 이해하는 것을 넘어 그 속에 담긴 감정과 생각에 공감하게 된다. 이는 대화의 깊이를 더하고, 인간관계를 더욱 돈독하게 만드는 핵심 요소다.

공감은 대화를 통해 서로가 연결될 수 있는 가장 강력한 방법 중 하나다. 상대방이 내 말을 듣고 공감하는 순간, 우리는 서로를 더 깊이 이해하게 되며 관계도 한층 더 단단해진다. 이를 위해서는 의미가 효과적으로 전달될 수 있도록 적절한 언어와 어휘를 선택하고, 핵심 문장을 구성하는 능력을 키우는 것이 중요하다.

소통과 공감은 같은 개념이 아니다. 단순히 말을 주고받는 것은 소통이지만, 그 속에서 의미를 전달하고 감정과 생각을 공유하는 것이 공감이다. 공감이 이루어지려면 명확한 언어 사용, 적절한 어휘 선택, 그리고 핵심 문장을 구성하는 능력이 필수적이다. 의미가 정확히 전달될 때 비로소 공감이 이루어지고, 대화는 단순한 정보 교환을 넘어 더 깊고 의미 있는 소통으로 발전할 수 있다.

02.

BTS 화법으로
의미를 전달하라

BTS(방탄소년단)의 성공은 단순히 음악적 재능에 국한되지 않는다. 그들이 전 세계적인 인기를 얻은 데에는 팬들과의 깊은 소통, 진정성 있는 이야기 전달, 그리고 신체 언어와 무대 퍼포먼스를 통한 감정 전달 능력이 핵심적인 역할을 했다. BTS는 무대에서 표정, 동작, 퍼포먼스를 통해 단순한 노래 이상의 메시지를 전한다. 강렬한 퍼포먼스 속에서도 팬들과 감정적으로 연결되기 위해 신체 언어를 적극적으로 활용하여 그들의 무대를 더욱 몰입감 있게 만든다.

특히 콘서트나 팬 미팅에서는 눈 맞춤, 손짓, 미소 등 비언어적 소통을 통해 팬들에게 깊은 유대감을 형성한다. 무대 위에서 보여주는 자신감 넘치는 자세와 팬들과의 교감을 중시하는 제스처는 단순한 퍼포먼스 그 이상으로 팬들에게 강한 인상을 남긴다. 이러한 소통 방식은 BTS가 단순한 가수가 아닌, 팬들과 교감하는 아티스트로서의 이미지를 확립하는 데 중요한 역할을 한다. 그들의 진정성 있는 메시지는 음악뿐만 아니라 비언어적 표현을 통해 더욱 강렬하게 전달되며, 이는 BTS가 전 세계 팬들과 특별한 연결을 형성하는 이유 중 하나다.

BTS의 성공에서 또 하나의 핵심 요소는 팬들과의 쌍방향 소통이다. 그들은 단순히 음악을 전달하는 아티스트가 아니라 팬들과 적극적으로 소통하며 그들의 목소리에 귀 기울이는 존재다. BTS는 일상적인 생각, 고민, 기쁨을 팬들과 공유하며, 팬들의 댓글에 직접 답장을 남기는 등 쌍방향 소통을 실천한다. 이를 통해 팬들은 단순한 청중이 아니라 BTS의 여정에 함께하고 있다는 느낌을 받는다. 그들은 팬들의 피드백을 진지하게 받아들이고, 이를 음악과 퍼포먼스에 반영한다. BTS의 노래에는 사회적 이슈나 팬들이 겪는 어려움에 대한 깊은 공감이 담겨 있으며, 이러한 메시지는 가사와 콘셉트에 자연스럽게 스며든다.

이처럼 BTS는 팬들과의 교감을 최우선으로 하며, 단순한 스타와 팬의 관계를 넘어 서로에게 영향을 주고받는 특별한 유대감을 형성한다. 이는 그들이 전 세계적으로 강력한 팬덤을 구축할 수 있었던 중요한 요인 중 하나다.

BTS를 통해서 대화법을 분석해 보면 세 가지, 즉 '비언어(Body Language), 쌍방 소통(Two-way Communication), 이야기(Story)'를 핵심 요소로 하여 효과적인 대화를 이끌어내는 방식을 사용한다.

첫째, 비언어 소통(Body Language)으로 의미를 전달한다

대화에서 신체 언어는 말보다 더 큰 영향을 미칠 수 있는 중요한 요소다. 우리가 전달하는 메시지의 상당 부분은 표정, 몸짓, 자세, 눈 맞춤과 같은 비언어적 요소를 통해 표현된다. 이러한 요소들은 단순히 보조적인 역할을 하는 것이 아니라, 대화의 맥락과 감정을 결정짓는 핵심적인 역할을 한다. 같은 말이라도 어떤 신체 언어와 함께 표현되느냐에 따라 의미가 달라질 수 있다.

표정은 감정을 가장 직접적으로 전달하는 수단이다. 상대방이 어떤 생각을 하고 있는지, 감정 상태가 어떤지를 파악하려면 표정을 유심히 살펴야 한다. 미소는 호감을 나타내며, 눈썹을 찌푸리면 불만이나 혼란을 표현할 수 있다. 긍정적인 대화를 유지하려면 편안하고 개방적인 표정을 유지하는 것이 중요하다.

몸짓 역시 사람의 의도를 전달하는 강력한 수단이다. 팔짱을 끼거나 몸을 뒤로 젖히는 자세는 방어적이거나 불편함을 느낀다는 신호로 해석될 수 있으며, 팔을 열고 몸을 앞으로 기울이는 자세는 상대방에게 관심을 표현하는 신호가 된다. 대화에서 자연스럽고 열린 자세를 유지하면 상대방에게 '나는 당신의 말에 관심이 있다'라는 메시지를 효과적으로 전달할 수 있다.

눈 맞춤은 신뢰와 관심을 표현하는 가장 중요한 신체 언어 중 하나다. 적절한 눈 맞춤을 유지하면 상대방은 '내 말에 귀 기울이고 있구나'라고 느낀다. 하지만 지나치게 강한 눈 맞춤은 부담을 줄 수 있으므로 자연스럽게 조절하는 것이 필요하다.

또한, 개인 공간을 존중하는 것도 대화에서 중요한 요소다. 너무 가까이 다가가면 상대방이 불편함을 느낄 수 있으며, 반대로 너무 멀리 떨어지면 거리감이 생길 수 있다. 대화를 효과적으로 이어가려면 적절한 거리를 유지하며 상대방이 편안함을 느낄 수 있도록 신경 써야 한다.

결국, 신체 언어는 단순한 제스처가 아니라 대화의 분위기와 감정을 형성하는 중요하다. 적절한 표정, 몸짓, 눈 맞춤 그리고 거리 조절을 통해 대화를 효과적이고 의미 있게 만들 수 있다.

둘째, 쌍방향 소통(Two-way Communication)으로 의미를 확장한다

효과적인 대화는 상호작용을 기반으로 한다. 일방적인 의사소통이 아니라 서로 주고받으며 의견을 교환하는 방식으로 이루어져야 한다. 이러한 쌍방향 소통은 대화의 흐름을 원활하게 하고, 상대방의 의견과 감정을 더 깊이 이해하는 데 도움을 준다.

소통에서 가장 중요한 요소는 '경청'이다. 단순히 듣는 것이 아니라 적극적으로 상대방의 말을 이해하고 공감하는 태도가 필요하다. 상대의 말을 주의 깊게 듣고 반응하면, 상대방은 자신의 의견과 감정이 존중받고 있다고 느낀다. 이는 신뢰를 형성하고 대화를 더욱 의미 있게 만든다.

상대방의 말을 들었다면, 그에 대한 적절한 피드백을 제공해야 한다. 피드백은 단순히 동의나 반대를 표현하는 것뿐만 아니라, 상대방의 말에 대한 추가적인 질문을 던지는 형태로도 이루어질 수 있다. 이는 대화의 흐름을 자연스럽게 이어가고, 상대방이 자기 생각을 더 명확하게 정리할 수 있도록 돕는다.

질문은 상호작용을 촉진하는 중요한 도구다. 질문을 던지면 상대방이 더 깊이 사고할 기회를 얻게 되고, 대화가 더욱 풍성해진다. 특히 열린 질문은 대화를 확장하고 자연스럽게 이어가는 데 효과적이다. 예를 들어, "어떻게 생각하세요?", "그 부분에 대해 더 자세히 말씀해 주실 수 있나요?"와 같은 질문은 상대방이 자신의 의견을 더욱 자유롭게 표현할 수 있도록 돕는다.

결국 효과적인 대화는 듣기와 말하기가 균형을 이루며 자연스럽게 이어지는 과정이다. 상대방의 의견을 존중하고 적극적으로 피드백하며 열린 질문을 던질 때, 대화는 단순한 정보 교환을 넘어 깊이 있는 소통으로 발전할 수 있다.

셋째, 이야기(Story)로 의미를 다양화한다

사람들은 이야기를 통해 의미를 더 잘 기억하고 감정을 이끌어낼 수 있다. 대화에서 스토리를 활용하면 상대방의 관심을 끌고, 복잡한 의미를 쉽게 전달할 수 있다. 또한 스토리는 인간관계를 강화하고 공감대를 형성하는 데 중요한 역할을 한다. 스토리텔링의 핵심은 감정을 통해 사람들과 연결되는 것이다. 이야기를 들을 때 우리는 그 이야기 속 인물들과 상황에 감정적으로 공감하게 된다. 이는 단순한 정보 전달과는 달리, 대화를 듣는 사람이 자기 경험과 감정을 이야기와 연결 지을 수 있도록 도와준다. BTS가 부르는 노래는 모두 하나의 의미를 전달하는 스토리인 셈이다.

또한 스토리는 의미를 효과적으로 전달하는 도구다. 단순한 사실 나열보다 이야기 속에서 메시지를 자연스럽게 전달하면, 상대방은 이를 더 오래 기억할 가능성이 높다. 개인적인 이야기는 대화를 더욱 인간적으로 만들고, 상대방과의 신뢰를 쌓는 데 도움을 준다. 자신의 경험을 솔직하게 이야기하면 상대방도 마음을 열고 자신만의 이야기를 공유할 가능성이 높다. 이는 대화를 더욱 깊고 의미 있게 만든다.

이처럼 BTS 대화법은 비언어, 쌍방 소통, 이야기라는 세 가지 요소를 통합하여 효과적인 의사소통을 이끌어내는 방법이다. 신체 언어를 통해 상대방과 감정적으로 연결되고, 상호작용을 통해 원활한 소통을 이루며, 이야기를 통해 의미를 강렬하고 오래 남게 전달하는 것이 BTS 대화법의 핵심이다.

03.

프로는 입으로 말하지 않고
온몸으로 말한다

프로는 아마추어와 달리 온몸으로 말한다. 단순히 언어로만 말하는 것이 아니라 온몸으로 말하기 때문에 본인이 전달하고자 하는 의미를 정확히 전달할 수 있고, 상대방과 교감이 잘 이루어진다. 그러나 아마추어는 항상 입으로만 말한다. 단어로만 말하기 때문에 상대방이 명확하게 의미를 전달받기 어렵고 원활한 소통이 이루어지지 않는다. BTS의 성공 요인 중 가장 중요한 것은 입에서 나오는 가사가 아니라 온몸에서 뿜어내는 열정과 바디랭귀지에 있다고 했다. 그러므로 프로는 항상 입은 물론 눈과 귀로 말하고, 손과 발로 말하며, 수많은 표정으로 말해야 한다. 그래야 깊이 있는 의미가 전달되고, 그 의미를 공유하면서 서로 성장해 나갈 수 있다.

진단1. 말할 때 상대방과 충분한 눈 맞춤을 하는가?

대화를 할 때 상대방과 눈을 자주 맞추는 것이 중요하다. 눈 맞춤은 상대방에게 관심을 표현하고, 신뢰를 형성하는 데 중요한 역할을 한다. 대화 중에는 상대방의 반응을 확인하고, 자신의 진심을 전달하기 위해 적절하게 눈 맞춤을 유지하는 것이 바람직하다. 너무 길게 응시하지 않고, 적절한 타이밍에 시선을 돌리는 것이 자연스럽다.

진단2. 표정이 내가 말하는 감정과 일치하는가?

표정은 말하는 감정과 메시지를 함께 전달하는 중요한 수단이다. 기쁨을 전달할 때는 미소를 짓고, 중요한 이야기를 할 때는 진지한 표정을 짓는 등 감정과 일치하는 표정을 의식적으로 사용하는 연습이 필요하다. 말의 내용과 표정이 일치하면 대화의 신뢰도가 높아지고 의미가 정확하게 전달된다.

진단3. 제스처가 말을 강조하는 데 효과적으로 사용되는가?

말할 때 손짓이나 몸동작을 자연스럽게 사용하는 것은 의미를 더 명확하게 전달하는 데 도움이 된다. 제스처는 말을 시각적으로 표현하는 방식이기 때문에 중요한 부분에서 손짓으로 강조하는 것이 효과적이다. 물론 너무 과도한 제스처는 오히려 산만하게 보일 수 있으니, 자연스럽고 적절한 범위에서 사용하는 것이 바람직하다.

진단4. 상대방과 대화할 때 몸의 방향이 그를 향하고 있는가?

상대방을 향해 몸을 돌리고 대화하는 것은 상대방에게 집중하고 있다는 의미를 전달한다. 몸을 상대방 쪽으로 기울이거나 상체를 약간 앞으로 내밀어 적극적인 관심을 표현하는 것이 중요하다. 반대로 몸을 돌리거나 팔짱을 끼고 있으면, 방어적이거나 관심이 없는 인상을 줄 수 있으니 피해야 한다.

진단5. 목소리 톤이 말하는 내용에 맞게 변화하는가?

목소리의 톤과 높낮이를 조절하는 것은 비언어적 소통에서 매우 중요하다. 중요한 내용을 말할 때는 톤을 낮추거나 느리게 말하는 것이 효과적이며, 덜 중요한 부분에서는 조금 더 빠르고 가볍게 이야기할 수 있다. 다양한 목소리 변화를 통해 상대방의 주의를 끌고 의미를 효과적으로 전달할 수 있다.

진단6. 말할 때 상대방의 반응을 관찰하며, 그에 맞춰 비언어적 소통을 조정하고 있는가?

상대방의 표정, 제스처, 자세 등의 비언어적 신호를 주의 깊게 관찰하는 것이 바람직하다. 상대방이 이해하지 못하는 표정을 짓거나 불편해 보이면, 설명을 더 명확히 하거나 톤을 조정하는 등의 대응을 할 수 있다. 상호작용을 통해 대화를 조정하며, 비언어적 신호에 민감하게 반응하는 연습이 필요하다.

진단7. 긴장할 때 몸짓이나 표정으로 드러나는가?

긴장했을 때 몸이 굳어지거나, 다리를 꼬거나, 얼굴이 경직되는 등의 비언어적 신호가 나타날 수 있다. 이를 방지하기 위해서는 긴장을 풀고 자연스럽게 몸을 움직이는 연습이 필요하다. 깊게 숨을 쉬고, 근육을 풀어주는 스트레칭을 하면서 비언어적 표현을 부드럽게 만드는 것이 중요하다. 자칫하면 전달하고자 하는 의미를 상대방이 왜곡하여 받아들일 수 있기 때문이다.

진단8. 말이 끝났을 때 침묵이나 미소로 적절한 피드백을 주는가?

대화 중간에 말이 끝났을 때 적절한 침묵을 유지하거나, 상대방의 말을 경청하며 미소를 짓는 것은 상대방에게 긍정적인 피드백을 준다. 대화를 끊지 않고 경청하는 자세를 유지하면서 눈 맞춤과 미소로 상대방의 말에 대한 관심을 표현하는 자세를 유지한다. 적절한 침묵은 깊이 있는 대화를 만들어 주고 오히려 더 진실하게 의미를 전달할 수 있다.

진단9. 몸짓이 과하거나 부자연스럽지 않은가?

비언어적 표현에서 과도한 제스처나 억지스러운 표정은 오히려 역효과를 낼 수 있다. 몸짓은 자연스럽고 상황에 맞게 적절히 사용해야 하며, 자신의 제스처가 너무 크거나 불필요하게 자주 사용되지 않도록 조정하는 것이 중요하다. 자연스러운 몸의 움직임을 유지하면서 필요할 때만 제스처를 활용하는 것이 바람직하다.

진단10. 상대방과 적절한 거리감을 유지하고 있는가?

대화할 때 상대방과의 거리는 매우 중요하다. 너무 가까우면 상대방이 불편해할 수 있고, 너무 멀면 거리감이 생길 수 있다. 적절한 거리에서 상대방과 눈맞춤을 하며 대화를 이어가는 것이 좋다. 보통 사회적 거리는 2미터 내외가 적당하며, 상대방의 편안한 반응에 맞춰 거리를 조정하는 것이 바람직하다.

　비언어적 소통은 말의 내용보다 더 많은 의미를 전달할 수 있다. 위의 자가 진단 문항들을 통해 자신의 비언어적 소통 능력을 점검하고 각 항목에 맞는 기법을 연습함으로써 더 효과적이고 신뢰성 있는 커뮤니케이션을 해보자.

04.

스토리가
팩트를 이긴다

사실(Fact)과 이야기(Story) 중에서 무엇이 더 오래 기억이 남을까? 스탠퍼드대학의 제니퍼 아커 교수는 이렇게 말한다.

"인간은 무언가를 구매할 때 논리적으로 결정하지 않는다. 감정이 먼저 결정하고 나중에 그 결정을 논리로 정당화시킨다."

이것이 감정에 호소하는 이야기의 힘이다. 이야기 속에는 사람을 움직이게 만드는 놀라운 힘이 있다. 폴 스미스가 밝힌 이야기의 효과는 다음과 같다.

    - 이야기는 전염성이 강하다
    - 이야기는 기억하기 쉽다
    - 이야기는 영감을 준다
    - 이야기는 모든 유형의 학습자에게 통한다

– 이야기는 듣는 이를 학습 모드로 빠져들게 한다

이야기는 사람을 무장해제 시킨다는 말이 있다. 마음을 열게 하고 몰입하게 만든다. 하버드대 하워드 가드너 교수는 '모든 위대한 리더는 위대한 이야기꾼'이라고 말한다.

우리가 이야기꾼(Storyteller)이 되어야 하는 이유는 대화에서 이야기보다 더 의미를 재미있게 전달하는 도구는 없기 때문이다. 필자도 학생들을 가르칠 때나 기업에 나가 성인들을 교육할 때는 주제에 적합한 이야기를 수집하고 만드는 준비를 게을리하지 않는다. 이처럼 대화에서 이야기로 의미를 전달하는 것은 단순한 정보의 교환을 넘어 중요한 역할을 한다. 사람들이 이야기를 나눌 때, 그 안에 담긴 의미와 감정은 이야기를 통해 더욱 강렬하게 전달된다.

우리는 모두 엄마 품에서 사실(Fact)이 아니라 이야기를 들으면서 말을 배우고 세상에 눈을 뜨기 시작했다. 그런 면에서 세상의 모든 어머니는 이야기꾼이다.

대화에서 이야기의 중요성

대화는 인간이 서로 소통하는 가장 기본적인 방법이다. 하지만 단순한 정보 전달만으로는 깊은 이해와 공감을 이끌어내기 어렵다. 이때 이야기는 대화를 더 풍부하고 의미 있게 만드는 강력한 도구가 된다. 사람들은 이야기를 통해 자신의 경험을 공유하고, 그 안에 담긴 감정과 생각을 자연스럽게 표현할 수 있다. 이야기는 개별적인 사건을 하나로 엮어 전체적인 맥락을 제공하며, 이는 듣는 사람이 내용을 쉽게 이해하고 공감하도록 돕는다.

이야기는 또한 기억에도 강한 영향을 미친다. 사람들은 단순한 정보를 들었을 때보다 이야기를 통해 접했을 때 내용을 더 오래 기억하는 경향이 있다. 이야기는 감정을 자극하고, 이를 통해 정보가 단순한 지식으로 머무는 것이 아니라 개인의 경험으로 흡수되도록 돕는다.

이처럼 대화에서 이야기는 단순한 정보 전달을 넘어 더 깊은 의미를 전달하는 중요한 역할을 한다. 또한, 이야기는 인간 본연의 소통 방식이기도 하다. 우리는 본능적으로 이야기에 끌리고, 이를 통해 서로의 경험을 나누며 공통의 가치를 발견하고 더 나은 이해를 형성해 간다.

특히 복잡한 개념이나 추상적인 아이디어를 설명할 때, 이야기는 이를 구체적이고 현실적으로 이해할 수 있도록 도와준다. 이야기 속에서 우리는 개념을 경험으로 전환하며, 더 직관적으로 받아들일 수 있게 된다.

이야기를 통해 의미를 전달하는 법

이야기를 통한 의미 전달은 정보와 감정을 통합하는 과정이다. 단순한 설명이나 명령으로는 전달하기 어려운 복잡한 감정과 메시지도 이야기를 통해 보다 쉽게 전할 수 있다. 이야기는 시간의 흐름에 따라 전개되므로, 듣는 사람은 사건이 발전하는 과정을 따라가면서 그 속에 담긴 의미를 자연스럽게 이해하게 된다.

어떤 사람이 자신의 어려움을 이야기하며 그것을 어떻게 극복했는지를 들려줄 때, 듣는 사람은 단순한 정보 이상의 것을 얻는다. 그는 이야기 속에서 화자의 감정과 생각을 공유하고, 그 경험을 통해 자기 삶에도 적용할 수 있는 교훈을 발견한다. 이처럼 이야기는 단순한 전달뿐만 아니라 공감과 연결을 가능하게 한다.

또한, 이야기는 복잡한 개념을 단순화하는 힘을 가지고 있다. 추상적인 아이디어나 철학적인 문제도 이야기로 풀어내면 훨씬 쉽게 전달할 수 있다. 마지막으로, 이야기는 감정을 전달하는 데 있어서도 탁월한 역할을 한다. 사람의 감정은 논리적인 설명보다는 이야기 속에서 더욱 자연스럽게 전해진다. 결국, 이야기는 단순한 정보 전달의 수단이 아니라 감정을 공유하고 깊은 공감을 이끌어내는 강력한 도구다.

다양한 스토리텔링 기법

스토리텔링에는 여러 기법이 있는데, 각 기법은 다른 방식으로 의미를 전달한다. 주요 스토리텔링 기법은 다음과 같다.

- 플롯의 구성: 이야기의 핵심은 플롯에 있다. 플롯은 사건이 시간의 흐름에 따라 어떻게 전개되는지를 나타내는 것으로 대부분 이야기에는 도입, 전개, 절정, 결말의 구조가 있다. 이 구조는 이야기를 듣는 사람이 혼란스럽지 않게 정보를 받아들이고, 사건의 흐름에 따라 의미를 파악할 수 있도록 돕는다. 특히 기승전결 구조는 긴장감과 흥미를 유발하며 이야기 속에서 메시지를 효과적으로 전달하는 데 중요한

역할을 한다.

- 캐릭터 설정: 이야기를 이끄는 캐릭터는 스토리텔링에서 중요한 요소다. 좋은 캐릭터는 독자나 청중이 감정적으로 연결될 수 있도록 도와준다. 주인공이 겪는 갈등과 변화를 통해 듣는 이는 자신의 경험과 연결 지어 메시지를 더 깊이 이해하게 된다. 캐릭터는 메시지를 구체화하고 이야기에 생명력을 불어넣는다.

- 갈등과 해결: 대부분 이야기는 갈등을 중심으로 전개된다. 갈등은 이야기에 긴장감을 부여하고 이를 해결해 나가는 과정에서 이야기는 메시지를 전달한다. 갈등은 단순히 극적인 요소가 아니라 이야기의 의미를 전달하는 중요한 도구다. 이를 해결하는 과정에서 인물들은 변화를 경험하고 그 변화를 통해 교훈이나 가치를 전한다.

- 비유와 상징: 스토리텔링에서는 비유와 상징을 통해 추상적인 개념을 구체화할 수 있다. 예를 들어 어떤 이야기가 우정에 대한 것이라면, 그 우정을 상징하는 사물이나 사건을 통해 청중에게 더 강렬한 인상을 남길 수 있다. 비유는 듣는 이로 하여금 더 깊이 생각하게 하며 상징은 이야기를 더욱 풍부하게 만든다.

- 반전 기법: 반전은 이야기의 흐름을 예측 불가능하게 만들어 긴장감을 유지하고 듣는 이의 관심을 끄는 기법이다. 이야기의 전개가 예상

과는 다른 방향으로 흘러갈 때 듣는 이는 더 깊은 생각을 하게 되고, 그 과정에서 전달하고자 하는 메시지에 대한 인식이 강화될 수 있다.

– 감정의 활용: 스토리텔링에서 감정은 매우 중요한 역할을 한다. 인물들이 겪는 감정은 이야기의 핵심 메시지를 전달하는 데 효과적이다. 이야기 속에서 인물의 기쁨, 슬픔, 고통, 희망 등의 감정이 생생하게 표현될 때 듣는 이는 그 감정을 공유하게 되고 이를 통해 스토리의 메시지를 더욱 깊이 받아들이게 된다.

대화에서 스토리는 단순한 정보 전달을 넘어서는 중요한 의미를 지닌다. 이야기를 통해 사람들은 서로의 감정과 생각을 더 깊이 이해하고, 공감하며, 나아가 자기 삶에도 적용할 수 있는 교훈을 얻는다. 스토리텔링은 다양한 기법을 통해 이러한 메시지 전달을 더욱 효과적으로 할 수 있다.

05.

말을 못 해서 후회하는
사람들의 5가지 공통점

평소에 욕을 달고 사는 처녀가 있었다. 그런데 어느 날 남자 친구의 어머니를 처음 만나 인사를 하게 되었다. 남자 친구 어머니는 며느리감을 보더니 너무 사랑스러워서 손목을 잡으며 말했다.

"예쁘기도 하고 참 곱기도 하구나!"

그러자 그 여자는 평상시처럼 이렇게 말했다.

"부끄러워요, 씨ㅂ!"

교수로 30년을 살아왔고, 기업체 전문 강사로 많은 기업과 관공서를 다니면서 말을 주제로 강의해 왔지만, 항상 후회하는 것은 나의 말투였다. 말을 잘한다고 칭찬을 듣지만, 사회생활을 하면서 가장 어려운 것은 지식이나 스펙이 아니라 말하기였다. 이처럼 제대로 말을 못해서 후회하는 사람들이 많다. 이들은 종종 중요한 순간에 적절한 말을 찾지 못하거나 자신의 의도를 제대로 전달하지 못해 아쉬움을 느낀다. 이러한 문제는 단순한 말재주 부족이 아니라 몇 가지 공통적인 원인에서 비롯된다. 여기서는 말을 잘 못하는 사람들이 가지고 있는 다섯 가지로 분류해서 설명해 본다.

첫째, 자신감이 부족하고 두려움이 앞선다

말을 할 때 상황이나 분위기에 따라 자신감을 표현하지 못하거나, 긴장감으로 인해 스트레스를 받는 경우가 많다. 특히 말을 잘하지 못하는 사람들의 가장 큰 공통점은 자신감 부족과 두려움이다.

이들은 대화 중 자기 말이 다른 사람들에게 어떻게 받아들여질지 걱정하며 주저한다. 그래서 말의 흐름이 끊기거나 망설이게 되며, 결국 원활한 의사소통이 어려워진다. 자신감이 부족한 사람들은 자신의 의견이나 생각이 타인에게 가치 있게 받아들여지지 않을 것이라는 두려움을 갖고 있다. 이러한 불안감은 긴장으로 이어지고, 이는 말의 속도나 발음에 영향을 미쳐 말을 더듬거나 말꼬리가 흐려지는 결과를 낳는다.

이러한 악순환이 반복되면, 점점 말하는 것 자체에 대한 불안감이 커지고 자신감은 더욱 위축된다. 자신감 부족은 주로 부정적인 자기평가에서 비롯된다. 자신이 말을 잘하지 못한다고 생각하는 사람들은 스스로 과소평가하며, 이는 실제로 말할 때도 부정적인 영향을 미친다. 자신에 대한 부정적 인식이 깊어질수록 말하는 것에 대한 두려움도 커지게 된다.

둘째, 준비 부족과 구조화된 생각이 결여된다

말하기는 즉흥적으로 이루어질 때도 있지만, 효과적인 의사소통을 위해서는 어느 정도의 준비가 필수이다. 말을 잘하지 못하는 사람들은 대화나 발표 전에 생각을 정리하거나 구조화하는 과정이 부족한 경우가 많다.

구조화되지 않은 생각은 말할 때 혼란을 초래한다. 논리적인 흐름 없이 떠오르는 대로 말을 하다 보면 말이 길어지거나 핵심을 잃게 된다. 이렇게 되면 상대방이 내용을 이해하기 어려워지고, 결국 대화의 목적을 달성하기 어려워진다.

말할 때는 어떤 순서로 이야기를 전개할지 미리 생각하는 것이 중요하다. 준비 없이 즉흥적으로 말하려 하면 두서가 없어지고, 메시지가 명확하게 전달되지 않는다. 결국 듣는 사람도 말을 따라가기 힘들어지고, 전달하고자 했던 본래의 의도가 희미해질 수밖에 없다. 말의 효과를 높이려면 사전에 핵심 내용을 정리하고, 논리적인 흐름을 고려하는 습관을 길러야 한다.

셋째, 경청이 부족하고 상대방의 반응을 무시한다

한 통계에 따르면, 사람들은 경청하지 않고 자기 말만 하는 사람을 가장 만나기 꺼려한다. 이는 대화에서 상대방의 반응을 고려하지 않는 태도가 일방적인 소통으로 이어지고, 결국 대화의 질을 떨어뜨린다는 것을 보여준다.

말을 잘하지 못하는 사람들은 대화에서 상대방의 반응을 충분히 고려하지 않는 경우가 많다. 자기 말에만 집중하고, 상대의 의견을 듣지 않으려는 태도를 보이면, 대화는 더 이상 상호작용이 아닌 일방적인 전달로 변질된다. 대화는 상호작용의 과정이다. 상대방의 반응을 파악하고, 그에 맞춰 말의 흐름을 조정하는 능력이 중요한데, 말을 잘하지 못하는 사람들은 종종 이 부분에서 어려움을 겪는다.

이들은 상대방이 보내는 미묘한 신호나 표정을 읽지 못하거나, 이를 무시하고 자기 말만 계속하는 경향이 있다. 경청 부족은 상대방과의 연결을 약화시키고, 대화의 흐름을 단절시키는 주요 요인이 된다. 상대방의 말을 충분히 듣지 않고 자기 생각만 말하려 하면, 결국 대화는 일방적인 전달로 끝나며 상대의 관심을 끌지 못하거나 오히려 불쾌감을 줄 수 있다.

원활한 소통을 위해서는 자기 말뿐만 아니라, 상대의 반응을 주의 깊게 살피고 적절한 피드백을 주는 것이 필요하다. 이는 대화의 균형을 유지하는 데 중요한 요소이며, 상대방과의 관계를 더욱 긍정적으로 만들 수 있는 핵심 기술이다.

넷째, 어휘력과 표현력이 부족하다

말을 잘하지 못하는 사람들은 자신의 생각을 적절히 표현할 어휘나 문장 구성 능력이 부족한 경우가 많다. 이는 전달하려는 내용을 명확하게 표현하지 못하게 만들고, 결과적으로 의사소통의 어려움을 초래한다. 어휘력이 부족하면 생각을 구체적으로 표현하기 어려워지고, 말이 두서없이 길어지거나 반복되는 경향이 생긴다. 표현이 제한되면 상대방이 이해하기 어려워지고, 말의 전달력도 떨어진다.

어휘력은 읽기, 듣기, 쓰기 등의 다양한 언어 경험을 통해 자연스럽게 향상될 수 있다. 하지만 이러한 경험이 부족하면 적절한 단어나 표현을 찾는 데 어려움을 겪으며, 이는 대화 중 말이 막히는 원인이 된다.

다섯째, 지나친 완벽주의다

말을 잘해야겠다고 마음먹을수록 오히려 제대로 말하지 못해 후회하는 경우가 많다. 말을 잘하지 못하는 사람들은 말하기 전에 지나치게 많은 생각을 하거나, 모든 말을 완벽하게 해야 한다는 압박감을 느낀다. 하지만 이러한 완벽주의적 성향은 말하기를 더 어렵게 만들고, 결국 원활한 의사소통을 방해한다.

완벽주의는 자의식과 연결되기 쉽다. 말할 때 표현이나 단어 선택이 완벽하지 않으면 어쩌나 걱정하다 보면, 말의 흐름이 끊기고 자연스러운 대화가 어려워진다. 그래서 말을 중간에 멈추거나 더듬는 일이 잦아진다. 또한, 과도한 자의식은 상대방의 반응에 지나치게 신경 쓰게 만든다. 이는 불안감을 증폭시키고, 결과적으로 말하는 과정 자체를 더 부담스럽게 만든다. 말을 잘하기 위해서는 완벽을 추구하기보다 자연스럽게 표현하는 데 집중하는 것이 중요하다.

여섯째, 무조건 유머 있게 말해야 한다는 강박이 있다

이 책이 다루는 핵심 주제는 유머 있게 말하는 법이다. 그러나 언제 어디서나 유머를 구사해야 한다는 강박관념은 버려야 한다. 유머는 상황과 맥락에 맞아야 의미가 있으며, 단순히 재미있는 말을 늘어놓는다고 해서 효과적인 대화가 되는 것은 아니다.

말재주가 없는 사람들이 흔히 저지르는 실수 중 하나는, 유머를 활용하려다 오히려 역효과를 내는 경우다. 누구나 재미있게 말하고 싶어 하지만 유머로 의미와 재미 그리고 웃음을 선사하기까지는 많은 노력이 필요하다.

이처럼 말을 잘하지 못하는 사람들은 자신감 부족, 준비 부족, 경청 부족, 어휘력 부족, 그리고 과도한 완벽주의라는 공통점을 가지고 있다. 이러한 요인들은 서로 영향을 주고받으며, 말하기를 더욱 어렵게 만드는 경향이 있다. 하지만 이 문제들을 인식하고 개선해 나간다면, 자신감 있고 명확하게 의사소통하는 능력을 키울 수 있다.

06.

Win-Win 관계를 구축하는
대화법 5가지 규칙

취직도 안 하고 매일 친구와 어울리며 술만 마시는 아들에게 아버
지가 호통을 쳤다.

"너처럼 술만 마시는 아들에게 이 집을 물려줄 수 없다."

그러자 간신히 정신을 차린 아들은 이렇게 말했다.

"저도 이렇게 빙빙 돌기만 하는 집은 필요 없어요."

나는 첫 직장에서 18개월을 근무한 후 결국 그만둘 수밖에 없었다.
보수도 괜찮고 전망도 나쁘지 않았지만, 상사와의 갈등을 극복할 수
없었기 때문이었다. 눈을 뜨면 그 사람이 떠오르고, 출근하면 내 앞길
을 가로막고 있는 듯한 답답함이 이어졌다. 결국 갈등은 직장을 그만
두는 것으로 마무리되었지만, 이후 깨달은 것은 어느 조직에서든 갈
등은 피할 수 없는 현실이라는 점이었다.

갈등은 먼 사람과의 문제가 아니라 대개 가까운 사람과 발생한다. 이를 효과적으로 관리하지 못하면 업무 능력을 향상시키기도 어렵고, 직장 생활에서 행복을 찾기도 힘들다. 결국 갈등을 해결하기 위해서는 '소통의 기술'이 필수적이다. 상대방과 원활하게 대화하며 갈등을 조정하고, 이를 극복하여 신뢰를 형성하는 것은 직장 생활에서 반드시 필요한 능력이다.

이를 위해서는 적절한 대화법을 활용하는 것이 중요하다. 다음은 갈등 상황에서 효과적으로 대화하고 신뢰를 쌓을 수 있는 7가지 대화법을 제시한다.

신뢰를 쌓을 수 있는 7가지 대화법

규칙 1. 상대방의 입장에서 공감을 표현한다

공감은 갈등 해결의 핵심 요소다. 단순히 상대방의 입장을 이해하는 것을 넘어 그들의 감정을 진심으로 느끼고 인정하는 것이 공감의 본질이다. 갈등 상황에서 공감을 표현하면 상대방은 존중받고 있으며, 자신의 감정이 인정받고 있다고 느낀다. 이는 긴장을 완화하고, 대화를 보다 긍정적인 방향으로 이끄는 데 중요한 역할을 한다. 공감을 표현하는 효과적인 방법 중 하나는 상대방의 감정을 직접 언급하는 것이다. 예를 들어 "그 상황에서 정말 속상했겠네요.", "당신이 그렇게 느낄 수 있다는 걸 이해해요."와 같은 표현을 사용하면, 상대방은 자신의 감정이 이해받고 있다는 것을 실감하게 된다. 이는 방어적인 태도를 낮추고, 더 열린 대화를 가능하게 만든다.

다만, 공감을 표현하는 것은 상대방의 감정을 인정하는 것이지, 그들의 행동이나 결정이 무조건 옳다고 정당화하는 것은 아니다. 상대의 감정을 이해하고 존중하되, 자기 입장도 명확히 하면서 균형 잡힌 대화를 이어가는 것이 중요하다.

규칙 2. 비난, 비평, 불평하지 않는다.

갈등 상황에서는 비난, 비평, 불평이 아닌 문제 중심의 대화가 필요하다. 나는 이 세 가지를 '비비불(비난, 비평, 불평의 줄임말)'이라고 부르는데, 이는 상대방을 방어적으로 만들고 대화를 더 어렵게 만드는 경향이 있다. 갈등을 해결하려면 상대를 '비비불' 하는 것이 아니라, 문제 자체에 집중하는 대화 방식을 선택해야 한다. 이렇게 하면 갈등을 개인적인 감정싸움이 아닌, 함께 해결해야 할 공동의 과제로 바라볼 수 있게 된다. 문제 중심 대화를 이끌어가는 방법 중 하나는 '나-메시지(I-message)'를 사용하는 것이다.

예를 들어, "너는 항상….."과 같은 비난의 표현 대신, "나는 이런 상황에서 이렇게 느꼈어."와 같은 방식으로 말하면, 상대방을 직접 공격하지 않으면서도 자신의 감정과 입장을 명확하게 표현할 수 있다. 이는 상대가 방어적으로 반응하는 것을 막고, 대화를 보다 건설적인 방향으로 이끌어 간다. 또한, 갈등의 원인을 논의할 때는 상대의 성격이나 태도가 아니라, 구체적인 행동이나 상황에 초점을 맞추는 것이 중요하다. 문제를 객관적으로 다룰수록 감정적 충돌을 줄이고, 효과적인 해결책을 찾을 가능성이 높아진다.

규칙 3. 누이 좋고 매부 좋은 'win-win 전략'을 발휘한다

타협과 협상은 갈등 해결의 핵심 요소다. 갈등 상황에서 자신의 입장만 고수하면 대화의 진전이 어려워지고 문제 해결이 지연될 수 있다. 그래서 양측이 만족할 수 있는 해결책을 찾기 위해 타협하는 자세가 필요하다. 타협은 갈등을 악화시키는 대신, 서로의 요구와 필요를 충족할 방법을 모색하도록 돕는다. 타협을 효과적으로 이끌어내려면 먼저 상대방의 입장과 요구를 명확히 이해하는 것이 중요하다. 그런 다음, 자기 입장을 분명히 설명하고, 어떤 부분에서 양보할 수 있을지 논의하는 과정이 필요하다. 이 과정에서 중요한 것은 상대방을 일방적으로 설득하려 하기보다 서로 만족할 수 있는 접점을 찾는 것이다. '윈-윈 전략'은 갈등을 해결하면서도 상대방과의 신뢰를 강화하는 데 도움이 된다.

예를 들어, "내가 이 부분에서 양보할 테니, 당신도 이 부분에서 양보해 줄 수 있겠습니까?"와 같은 접근법은 상호 이해와 협력을 촉진하며, 대화를 더욱 생산적으로 이끌어 갈 수 있다.

이러한 과정은 단순히 갈등을 해결하는 것을 넘어, 상대방과의 관계를 더욱 공고히 하는 데도 기여한다.

규칙 4. 감정적 반응을 하지 않는다

감정 관리는 갈등 해결에서 중요한 역할을 한다. 감정은 갈등을 더욱 복잡하게 만들 수 있으며, 특히 부정적인 감정이 대화의 흐름을 방해할 가능성이 크다. 그래서 갈등 상황에서는 자신의 감정을 잘 다스리고, 상대방의 감정을 이해하려는 노력이 필요하다. 감정을 효과적으로 관리하려면 먼저 자신의 감정을 인식하고 이를 적절히 표현하는 것이 중요하다. 예를 들어 "지금 나는 이 상황에서 화가 나지만, 차분하게 대화하고 싶어."와 같이 자신의 감정을 솔직하게 표현하면, 상대방도 이를 이해하고 대화의 흐름을 방해하지 않으려 노력할 가능성이 높아진다.

또한, 상대방이 감정적으로 반응할 때는 먼저 그들의 감정을 인정한 후, 문제 해결에 집중하는 것이 효과적이다. 감정을 무시하거나 억누르면 대화가 더욱 악화될 수 있기 때문이다.

냉정함을 유지하기 위해서는 때로는 대화 중 잠시 시간을 갖는 것도 좋은 방법이다. 대화가 과열되거나 감정적으로 격앙될 때, 잠시 휴식을 취하고 차분한 상태에서 다시 대화를 이어가면 더 건설적인 해결책을 찾을 수 있다. 결국 감정을 조절하는 능력은 갈등 해결의 핵심이며, 차분하고 열린 자세로 대화를 이어갈 때 더 나은 결과를 얻을 수 있다.

규칙 5. 일관된 나의 입장 표현한다

갈등 관계에 있다고 해서 상대방을 배려하는 차원에서 일방적으로 끌려가서는 안 된다. 갈등 해결 과정에서 중요한 것은 자신의 입장을 일관되게 유지하며 신뢰를 형성하는 것이다.

일관되지 않은 메시지는 상대방을 혼란스럽게 만들고 오해를 초래할 수 있다. 그래서 갈등 상황에서는 자기 입장과 의도를 명확하고 일관되게 표현하는 것이 필수적이다. 이를 위해서는 자기 입장과 요구 사항을 스스로 분명히 이해하는 것이 선행되어야 한다. 또한, 대화 중 변덕스럽거나 모순된 발언을 하지 않도록 주의해야 한다.

일관성을 유지하는 태도는 상대방에게 신뢰를 주고, 갈등을 해결하는 과정에서 자기 입장을 효과적으로 전달하는 데 도움이 된다. 상대방과의 관계를 고려하더라도 자기 생각과 가치를 분명히 표현하는 것이 갈등을 건강하게 해결하는 핵심이다.

갈등 상황에서 이러한 대화법을 적극적으로 활용하면 갈등을 해결하는 것뿐만 아니라 상대방과의 관계를 한층 더 깊고 신뢰감 있게 발전시킬 수 있다. 이는 개인적인 인간관계뿐만 아니라 직장이나 사회적 관계에서도 중요한 역할을 한다. 갈등을 두려워하기보다는 이를 통해 성장하고 발전할 수 있는 기회로 삼는 것이 중요하다. 갈등을 해결하는 능력은 단순한 기술을 넘어 인간관계의 근본적인 신뢰를 형성하는 중요한 요소이다.

07.

감정 상태가
대화의 색깔을 결정한다

지난여름 돼지국밥집을 방문한 적이 있었다. 손님이 북적거리는 것을 보니 꽤나 장사가 잘되는 듯싶었다. 직원이 웃으며 다가오더니 주문을 받았다.

"혹시 돼지고기 안 드시는 분 계세요?"

나하고 친구 중 두 명이 손을 들었다. 그러자 직원은 이렇게 말했다

"그러면 나머진 다 돼지죠?"

많은 기업체와 관공서를 드나들면서 강의하면서 느낀 공통점이 있다. 원하는 만큼 강의가 이루어지지 않고 효과적으로 말하지 못했을 때는 세 가지 원인 중 하나가 나를 괴롭혔다. 컨디션 조절과 수면 상태 그리고 감정의 문제였다. 직장 동료들이나 가족 혹은 친구 사이의 대화에서도 이 세 가지가 결정적인 요인이라고 생각한다. 컨디션, 수

면, 감정 상태와 같은 요소들은 말로 표현되는 대화의 질과 결과에 깊이 영향을 미친다. 몸이 피로하거나, 감정적으로 불안정하거나, 수면이 부족할 때 우리는 같은 말을 하더라도 전혀 다른 의미로 받아들일 수 있다. 게다가 웃음을 이끌어내야 하는 유머 대화에서 이 세 가지는 생명줄과도 같은 역할을 한다.

첫째, 컨디션은 성공적인 대화의 출발점이다

컨디션은 일상에서 우리의 기능을 결정짓는 중요한 요소다. 신체적, 정신적 상태가 최적일 때 더 효과적으로 소통할 수 있지만, 컨디션이 나쁘면 오해가 생기거나 의사소통이 단절될 가능성이 커진다.

컨디션은 집중력에 직접적인 영향을 미친다. 피곤하거나 몸이 좋지 않으면 대화에 집중하기 어려워지고, 상대방의 말을 온전히 듣지 못할 수 있다. 대화는 단순히 말하는 것이 아니라, 상대방의 말에 주의를 기울이고 적절히 반응하는 과정이다. 하지만 피로한 상태에서는 이러한 집중력이 저하되어, 상대방의 메시지를 놓치거나 오해를 초래할 위험이 커진다. 예를 들어, 중요한 비즈니스 회의에서 피로한 상태로 참석하면 상대방의 핵심 메시지를 제대로 파악하지 못하고, 결국 잘못된 결정을 내릴 수도 있다.

컨디션은 신체 언어에도 영향을 미친다. 몸이 좋지 않을 때는 무의식적으로 불편한 표정을 짓거나 몸을 움츠리는 등 부정적인 신호를 보낼 수 있다. 예를 들어, 피로로 인해 무기력한 자세를 취하면 상대방은 우리가 대화에 관심이 없거나 무례하다고 느낄 수 있다. 그러니 컨디션이 좋지 않을 때는 신체 언어를 더욱 의식적으로 관리할 필요가 있다.

결국, 원활한 의사소통을 위해서는 신체적, 정신적 컨디션을 유지하는 것이 필수적이며, 컨디션이 저하된 상태에서는 대화 방식과 태도를 더욱 신경 써야 한다.

둘째, 잠을 푹 자야 말을 잘한다

수면은 신체와 정신의 회복을 위한 필수적인 과정이며, 대화 능력에도 큰 영향을 미친다. 충분한 수면을 취한 사람은 그렇지 않은 사람보다 더 명료하게 사고하고, 감정을 잘 조절하며, 효과적으로 소통할 수 있다.

수면 부족은 인지 능력을 저하시킨다. 뇌가 최상의 상태로 기능하지 못하면 논리적인 사고가 방해되고, 상황을 정확하게 파악하는 능력이 떨어진다. 이는 대화 중 올바른 판단을 내리기 어렵게 만들고, 말의 흐름을 놓치는 원인이 된다.

또한, 수면 부족은 감정 조절 능력을 약화시킨다. 수면이 부족하면 감정적으로 불안정해지고, 작은 일에도 쉽게 화를 내거나 좌절할 수 있다. 그로써 대화 중 과잉 반응을 하거나 감정적으로 대응할 가능성이 커지며, 대화의 질이 저하될 수 있다. 감정이 격해진 상태에서는 건설적인 대화를 이어가기 어렵고, 불필요한 갈등이 발생할 위험이 높아진다.

예를 들어, 수면이 부족한 상태에서는 평소에는 무심코 넘길 상대방의 말도 예민하게 받아들이게 된다. 또한, 수면 부족은 신체 언어와 표정에도 영향을 미친다. 얼굴이 피곤하고 표정이 어두워 보이면, 상대방은 우리가 대화에 무관심하거나 부정적인 감정이 있다고 오해할 수 있다. 이러한 오해는 대화의 흐름을 방해하고 불필요한 갈등을 초래할 수 있다.

그러니 중요한 대화를 앞두고는 충분히 수면을 취하는 게 중요하다. 좋은 수면 습관을 유지하면 대화에서 명확한 사고, 감정 조절, 긍정적인 태도를 유지하는 데 도움이 된다.

셋째, 감정 상태가 대화의 색깔을 결정한다

감정 상태는 대화의 톤과 분위기를 결정짓는 중요한 요소다. 우리가 느끼는 감정은 단순히 대화의 내용뿐만 아니라, 말하는 방식과 전달 방식에도 큰 영향을 미친다. 감정이 안정적이면 대화가 원활하게 진행되지만, 감정이 격해지거나 불안정할 때는 대화가 왜곡될 가능성이 높다.

긍정적인 감정은 대화를 촉진한다. 기쁨, 만족, 감사와 같은 감정은 대화의 흐름을 부드럽게 만들고, 상대방에게도 긍정적인 영향을 준다. 긍정적인 감정을 가진 상태에서는 대화에 더 적극적으로 참여하게 되고, 상대방의 말을 열린 마음으로 받아들이며 협력적인 태도를 보이기 쉽다.

예를 들어, 기분이 좋을 때는 상대방의 의견을 더 수용적으로 받아들이고, 협조적인 태도를 취하는 경향이 강하다. 이러한 분위기에서는 대화가 더욱 생산적으로 진행되며, 상호 이해와 신뢰가 형성되기 쉬워진다. 반면, 부정적인 감정은 대화의 장애물이 될 수 있다. 분노, 슬픔, 좌절과 같은 감정이 강할 때는 상대방의 말이나 행동을 부정적으로 해석하고, 비판적이거나 방어적인 태도를 취할 가능성이 커진다.

이러한 상태에서는 대화가 오히려 갈등으로 번질 위험이 크다. 예를 들어, 화가 난 상태에서는 상대방의 의도와 상관없이 공격적으로 반응할 가능성이 높으며, 이는 오해를 불러일으키고 관계를 악화시킬 수 있다. 그래서 대화를 원활하게 진행하기 위해서는 자신의 감정 상태를 먼저 인식하고 조절하는 것이 중요하다. 감정이 안정적일 때 대화는 더욱 효과적이며, 상대방과의 관계도 긍정적으로 발전할 수 있다.

몸과 마음은 대화에서 불가분의 관계에 있다. 신체적, 정신적 상태가 조화를 이룰 때 대화는 더욱 원활해지고 효과적으로 진행될 수 있다. 그래서 좋은 대화를 위해서는 몸과 마음의 건강을 동시에 관리하는 것이 중요하다. 우리가 사용하는 언어는 대화의 핵심 요소지만, 비언어적 의사소통도 그에 못지않게 중요하다. 몸짓, 표정, 목소리의 톤은 대화의 분위기를 형성하는 데 결정적인 역할을 한다.

예를 들어, 열정적인 제스처와 밝은 표정을 함께 사용하면, 상대방은 우리가 대화에 적극적이고 긍정적인 태도를 가지고 있다고 느낀다. 반면, 팔짱을 끼거나 시선을 피하는 자세는 방어적이거나 대화에 관심이 없다는 신호로 해석될 수 있다.

결국, 비언어적 의사소통을 잘 활용하면, 대화의 흐름을 보다 긍정적이고 효과적으로 이끌어 갈 수 있다. 우리가 원하는 메시지를 더욱 정확하게 전달하고, 상대방과의 관계를 더 원활하게 유지하는 데 중요한 역할을 한다.

대화는 단순한 말의 주고받음이 아니라, 몸과 마음이 함께 작용하는 복합적인 과정이다. 우리의 컨디션, 수면, 감정 상태는 대화의 질과 결과를 좌우하며, 신체 언어는 진심을 전달하고 상대방과의 관계를 형성하는 데 중요한 역할을 한다. 몸도 말을 한다는 사실을 인식하고 이를 효과적으로 활용한다면, 우리는 더 나은 인간관계를 형성하고 다양한 상황에서 성공적으로 소통할 수 있다. 대화에서 몸과 마음의 상태는 결코 분리될 수 없는 요소이며, 이를 잘 관리하고 조화롭게 유지하는 것이 성공적인 대화를 위한 핵심이다.

충분한 수면, 건강한 생활 습관, 감정 조절 능력을 통해 몸과 마음을 최상의 상태로 유지하면, 우리는 더 명료하고 효과적으로 대화를 이끌 수 있다. 그 결과, 더 풍요롭고 의미 있는 인간관계를 맺을 수 있다. 특히 유머를 효과적으로 활용하려면 컨디션, 감정 조절, 신체 언어 이 세 가지가 결정적인 요인이라는 점을 기억해야 한다. 이를 잘 조율하면 대화가 더욱 자연스럽고 매력적으로 흐를 수 있다.

08.

디지털 사회에서
아날로그 대화하는 기법 4가지

컴맹인 김 사장은 드디어 자판을 익히고 독수리 타법으로나마 이제
는 인터넷상에서 간신히 의사소통할 수 있게 되었다. 어느 날 간부
회의 시간에 일어난 일이었다.

"오늘 회의 끝나고 돌아가기 전에 여러분이 알고 있는 새 이름을 전
부 적고 가세요."

"왜 그러시죠?"

"그냥 그렇게 해주세요."

"이제 사장님께서 조류 연구에 전념하시려고요?"

"왜들 그래요, 다 알면서…."

"사장님, 무슨 말씀이신지?"

"컴퓨터로 문서 작성할 때마다 항상 새 이름으로 작성하라고 하는
데, 이제 더 이상 아는 새 이름이 없다고."

디지털 사회가 가속화될수록 인간미를 잃어간다는 우려가 나오고 있다. 하지만 인간미를 살릴 수 있는 비결 중 하나는 아날로그적인 대화라고 생각한다. 아무리 디지털 혁명 시대라고 하더라도 인간적인 요소인 유머, 웃음, 재미, 감성을 잃지 않는다면, 오히려 더 인간적인 사회가 유지될 수 있기 때문이다. 디지털 기술의 발전은 우리 사회의 모든 측면을 변화시켰다. 우리는 이제 언제 어디서나 연결되어 있고, 정보는 손끝 하나로 얻을 수 있다. 이러한 변화는 우리의 생활을 편리하고 효율적으로 만들었지만, 동시에 인간적인 접촉이 줄어들고, 의사소통이 주로 문자와 이미지로 이루어지면서 감성적 교류가 약화되는 것이 아닌가 하는 우려도 있다. 이러한 배경에서 유머, 웃음, 재미, 감성 중심의 아날로그적 대화법은 더욱 소중해지고 있다.

첫째, 디지털 시대일수록 따뜻한 말이 그립다

디지털 기술 발전으로 인해 의사소통 방식은 크게 변화했다. 이메일, 문자 메시지, 소셜 미디어, 화상 회의 등 다양한 디지털 도구들이 등장하면서, 우리는 시공간의 제약 없이 소통할 수 있게 되었다. 이러한 변화는 많은 이점을 가져왔지만, 동시에 몇 가지 중요한 한계를 내포하고 있다. 비대면 소통의 증가로 인해 비언어적 소통의 부족이 문제로 대두되고 있다. 대면 대화에서는 표정, 몸짓, 목소리 톤 등 다양한 비언어적 신호들이 중요한 역할을 한다. 이러한 신호들은 말로 표현되지 않은 감정을 전달하고, 상대방의 의도를 파악하는 데 도움을 준다. 그러나 디지털 소통에서는 이러한 비언어적 요소들이 생략되거나 제한적으로만 전달된다. 이는 오해를 초래할 수 있고, 감정적 교류가 약화될 수 있다. '디지털 피로감'이라는 새로운 현상이 등장했다. 끊임없이 울리는 알림, 쏟아지는 정보, 끝없이 이어지는 온라인 회의 등은 우리의 집중력을 분산시키고, 스트레스를 증가시킨다. 이러한 디지털 피로감은 사람들로 하여금 오히려 디지털 소통을 회피하게 만들 수 있으며, 이는 인간관계의 단절로 이어질 위험이 있다.

둘째, 아날로그적 대화는 유머, 웃음, 재미, 감성이다

웃음은 감정적인 해방감을 제공하며 스트레스를 줄여준다. 디지털 소통에서도 유머를 사용할 수 있지만, 대면 소통에서의 유머와 웃음은 훨씬 더 큰 효과를 발휘한다. 함께 웃으며 대화할 때 사람들은 더 쉽게 친밀감을 느끼고, 신뢰를 쌓는다.

재미는 인간관계의 중요한 요소다. 단순한 정보 전달을 넘어, 대화에서의 재미는 사람들 간의 연결을 강화하고, 기억에 남는 순간을 만들어준다. 아날로그적 대화에서의 농담, 이야기, 게임 등은 단순한 오락을 넘어 관계를 돈독히 하고 감정을 공유하는 기회가 된다. 반면, 디지털 소통에서는 이러한 요소들이 쉽게 구현되지 않기에 직접적인 소통의 가치가 더욱 부각된다.

감성은 인간관계의 핵심이다. 감성적 대화는 서로의 감정을 이해하고 공감하는 과정에서 이루어진다. 디지털 소통에서는 텍스트와 이모티콘으로 감정을 표현하려 하지만, 실제 대면 소통에서의 감정 전달에 비하면 한계가 있다.

눈빛, 목소리 톤, 제스처 같은 비언어적 요소는 상대방의 감정을 깊이 이해할 수 있도록 도와주며, 진정한 감성적 교류를 가능하게 한다. 이러한 아날로그적 대화는 인간관계를 더욱 깊이 있게 만들어주고, 서로를 더 잘 이해할 수 있게 해준다.

셋째, 디지털과 아날로그 언어가 조화를 이루어야 한다

디지털 시대의 소통 방식이 가지는 이점과 한계를 인정하면서, 우리는 디지털과 아날로그 소통의 균형을 찾는 것이 중요하다. 완전히 디지털화된 소통만으로는 인간적인 교류의 깊이를 유지하기 어렵기 때문에 아날로그적 대화 기법을 적절히 활용하는 것이 필요하다. 우선은 의식적인 대면 소통의 중요성을 강조할 필요가 있다. 디지털 도구들이 편리함을 제공하지만, 중요한 대화나 감정적 교류가 필요한 순간에는 직접적인 만남과 대화를 선택하는 것이 좋다. 대면 대화는 오해를 줄이고, 감정적 유대감을 강화하며 진정한 이해를 도울 수 있다. 또한 디지털 소통에서도 아날로그적 요소를 도입할 수 있다. 예를 들어, 화상 회의에서는 단순한 업무적 대화 외에도 개인적인 이야기를 나누거나, 유머를 섞어 분위기를 부드럽게 만드는 것이 도움이 된다. 또한, 메시지를 보낼 때도 이모티콘이나 GIF 같은 감성적 요소를 추가하여 단순한 텍스트가 아닌 감정을 함께 전달하는 노력을 기울일 수 있다.

넷째, 아날로그적 대화는 우리에게 정서적 안정감을 제공한다

지금은 디지털 시대이지만 인간은 여전히 감정적인 존재이며 이러한 감정을 나누고 공감할 기회가 필요하다. 아날로그적 대화는 우리에게 정서적 안정감을 제공한다. 빠르게 변화하는 디지털 세계에서 사람들은 종종 불안과 스트레스를 느낀다. 이러한 상황에서 아날로그적 대화는 우리에게 정서적인 안정감을 제공하고 마음의 평화를 찾을 수 있도록 돕는다. 유머와 웃음은 이러한 과정에서 중요한 역할을 하며 사람들 간의 관계를 더 깊고 의미 있게 만든다. 또한 아날로그적 대화는 인간다움을 유지하는 데 중요한 역할을 한다. 디지털 소통의 편리함 속에서 우리는 종종 인간다움을 잃기 쉽다. 그러나 아날로그적 대화는 인간 본연의 감정과 연결되어 있으며 이러한 대화를 통해 우리는 인간다운 삶을 영위할 수 있다. 이는 특히 사회가 점점 더 기술 중심으로 변해가는 상황에서 우리의 정체성을 유지하는 데 필수적이다.

디지털화된 사회에서 유머, 웃음, 재미, 감성 중심의 아날로그적 대화 기법은 그 어느 때보다도 중요해지고 있다. 디지털 기술은 우리의 소통 방식을 혁신적으로 변화시켰지만, 이로 인해 인간관계에서 중요한 감성적 교류가 약화될 위험도 커졌다. 이러한 상황에서 아날로그적 대화 기법은 디지털 소통의 한계를 보완하고 인간관계의 질을 높이는 중요한 역할을 한다. 유머와 웃음은 사람들 간의 거리를 좁히고, 재미는 대화를 더 기억에 남게 하며, 감성적 대화는 서로의 감정을 깊이 교류하며 관계를 개선시키는 소통 방식이다.

09.

말(言)이
성공과 운명을 결정한다

어느 식당 유명 지배인이 조회 시간에 다음과 같은 말을 했다.

"오늘은 더 많이 웃고 더 친절해야 합니다."

그러자 직원들이 물었다.

"본사에서 시찰이라도 나오나요?"

"아닙니다. 오늘 파는 고기가 좀 질기거든요."

말은 인생의 대부분을 결정한다. 그리고 미래를 결정하는 자신에 대한 예언이다. 오늘 하는 내 말이 결국 나의 운명을 결정하는 것이다.

言(언), 말은 입에서 나온다

'입안에 천 개의 도끼가 들어 있다'라는 말이 그래서 섬뜩한 경고를 준다. '뼈 없는 혀가 뼈를 부순다'라는 말도 이와 같은 원리이다. 입단

속을 제대로 못 해서 히루아침에 신뢰가 깨지는 경우도 있다. 비단 정치인들이나 높은 자리에 있는 리더들만의 이야기가 아니다. 우리 일상생활 속에서도 말실수로 인해서 후회한 적이 얼마나 많은가. 그래서 '口(구)테크'를 잘해야 한다.

品(품), 입이 좋은 말을 세 번 외치면 품격이 된다

인간의 품격을 좌우하는 기준 중 가장 중요한 것은 그 사람이 사용하는 언어에 달려 있다. 아무리 머릿속에 뛰어난 긍정적인 사고나 사상을 갖고 있다고 하더라도 잘못 전달된다면, 그야말로 그 사람의 품격이 낭떠러지로 떨어지기 때문이다. 품격은 말이 결정한다는 사실을 냉철하게 받아들여야 하는 이유가 여기에 있다. 그러니 자신의 품격을 높이고자 한다면 우선 어떠한 말을 사용해야 할지부터 고민해야 한다.

格(격), 격은 입에서 나온 말로 결정된다

사회생활을 하면서 자신의 브랜드를 높여 나가기 위해서는 우선 경쟁자와 격이 달라야 한다. 어떠한 상황에서 누구와 무슨 대화를 나누든 격을 달리할 때 더 좋은 위치에서 대화를 리드해 나갈 수 있다. 격을 달리한다는 것은 이 또한 그 사람이 사용하는 언어에 달려 있음을 기억해야 한다. 사람의 격은 저절로 차별화되는 것이 아니고, 그 사람이 처한 위치에 맞는 정확하고 따뜻하고 공감이 가는 언어를 구사할 수 있을 때 가능하다.

名(명), 이름값은 입에 달려 있다

이름값을 해야 한다는 말을 자주 한다. 하지만 이 이름값을 결정하는 것은 바로 그 사람이 사용하는 언어이다. 시궁창에서도 아름다운 말을 통해서 자신의 주가를 높일 수 있고, 호화 별장에서도 그 사람의 입에서 튀어나온 말 한마디로 인해서 자신의 이름값을 못 하는 경우도 많다. 아무리 높은 지위에 있고 학식이 뛰어나다 하더라도 그 사람의 말 한마디로 주가가 떨어지고 품격이 손상되는 이유는 바로 사람들은 입에서 흘러나오는 언어를 가지고 그들을 평가하기 때문이다.

和(화), 화합도 입에 달려 있다

화합과 단합을 이루어 나가는 데 가장 큰 조건은 실리보다 서로 어떤 언어를 사용하느냐에 달려 있다. 소통과 공감이 이루어지지 않는다면, 팀워크도 이뤄질 수 없기 때문이다. 화합이야말로 사회생활에서 가장 기본적인 팀워크로 연결되기 때문이다. 누군가와 좋은 관계를 맺는다는 것은 바로 좋은 대화를 나눈다는 것을 의미한다. 어느 한 사람이 거칠고 품격에 맞지 않은 언어를 사용하는데 좋은 관계가 유지될 수 없다. 그러므로 누군가와의 관계가 꾸준히 유지된다는 것은 말을 통한 공감 지수가 높다는 것을 의미한다.

壽(수), 수명도 말하는 입에 달려 있다

장수하는 사람들의 연구에 의하면 오래 사는 사람들에게는 그들이 사용하는 공통된 언어가 있다고 한다. 긍정적인 언어, 감사의 언어,

배려 하는 언어를 갖고 있다고 한다. 반대로 부정적인 말을 하는 사람은 행복하게 오래 살기 힘들다. 긍정의 언어가 주는 힘은 생명력에도 힘을 발휘한다. 좋은 음식만 먹는다고 장수하는 것이 아니라 좋은 말을 할 때 장수한다는 것은 의학적으로 입증되고 있다. 또한 장수하는 사람들의 공통된 언어 중 한 가지는 늘 재미있고 유머 있는 말을 던진다는 것이다.

國(국), 나라의 품격도 지도자의 입이 결정한다

한 국가의 품격 또한 지도자가 사용하는 언어에 달려 있음을 알 수 있다. 지도자가 품격이 떨어지는 언어를 사용하면 매체를 통해서 많은 사람에게 부정적으로 전달될 수밖에 없다. 국가 브랜드는 단지 경제력, 정치력만으로 좌우되는 것이 아님을 알 수 있다. 특히 나라 국(國) 자 안에는 입 구(口) 자가 두 개나 들어 있는 것을 보면, 국가의 품격이야말로 입이 좌우한다는 것을 알 수 있다. 특히 글로벌 시대에 국가의 품격을 높이는 비결은 단지 국가 지도자들만의 몫이 아니라 평범한 사람들이 여행할 때 그들이 사용하는 언어에서도 좌우된다는 것을 기억해야 한다.

信(신), 믿는다는 것은 입에서 나온 말을 믿는 것이다

사람을 믿는다는 것은 그 사람의 말을 믿는 것이다. 말이란 곧 그 사람의 혼을 의미하기 때문이다. 그래서 말을 믿을 수 없으면, 그 사람 자체를 믿을 수 없게 된다. 믿음을 주고 좋은 관계를 유지하는 비결은 바로 말에 달려 있다는 것을 기억해야 한다. 무심코 내뱉은 말한 마디로 인해서 신뢰가 낭떠러지로 떨어지는 이유가 바로 여기에 있다. '내가 당신을 믿는다'라는 말은 '나는 당신의 말을 믿는다'라는 의미이다. 信(믿을 신) 자를 뜯어보면 '人+言'으로 되어 있다. 바로 사람의 말을 믿는 것이 그 사람을 믿는 것임을 알려준다.

善(선), 착한 것도 입이 결정한다

착한 사람들의 공통점은 그들이 사용하는 언어가 따뜻하고 공감이 있고 칭찬의 언어라는 점이다. 딱딱하고 부정적이고 무뚝뚝하고 상대방을 깎아내리는 사람의 언어를 듣고 그 사람을 선량한 사람이라고 믿는 사람은 없다. 그러므로 착한 사람으로서 선량한 미덕을 쌓아 나아가는 것은 바로 당신의 입에서 나오는 말이 좌우한다는 것을 기억해야 한다. 상대방이 사용하는 언어를 봄으로써 그 사람이 어떤 사람인지 알 수 있는 능력은 가히 신이 부여한 능력이다.

聖(성), 성인의 품성도 입이 결정한다

성인이란 누구를 말하는 것인가. 평범한 사람과는 달리 분명히 다른 언어를 갖고 있는 사람을 의미한다. 공자, 예수, 석가를 세계 3대 성인이라고 하는데, 그들이 한 수천 년 전의 말을 지금 우리가 배우고 또 후대에게 가르치고 있다. 그 이유는 바로 그들이 사용한 언어의 힘이 있고 아름다움이 있기 때문이다. 그러므로 성인이란 특별히 지위가 높은 사람만을 의미한다고 볼 수는 없다. 우리 주변에도 사용하는 언어의 힘이 있고, 기르침이 있고, 교훈적이고 지혜가 있는 사람들의 말을 통해서 우리는 성인의 또 다른 모습을 읽을 수 있기 때문이다.

感(감), 감동을 주는 것도 입에 달려 있다

지금 만나고 있는 누군가에게 감동을 주고 싶고 그 마음을 흔들고 싶다면, 그 힘은 당신이 사용하는 언어에 달려 있다는 것을 기억해야 한다. 사람을 움직이는 것은 마음이지만, 결국 마음속에서 흘러나오는 언어가 상대방의 전달되어야 상대방을 내 편으로 만들 수 있다. 내가 감동하는 것도 또 누군가를 감동시키는 힘도 바로 입에 달려 있다는 것을 기억하자.

活(활), 활기차게 만드는 것도 입이 결정한다

활기차게 살고 에너지 넘치는 모습을 누군가에게 보여주고 싶다면, 그러한 언어를 사용하면 된다. 아침에 일어나자마자 감사의 언어, 긍정의 언어를 외쳐본다면 분명히 그런 활기찬 삶을 살 수 있을 것이다. 내가 사용하는 언어가 바로 나 자신을 만들기 때문이다. 오늘 사용하는 언어가 나의 10년 혹은 30년, 나의 미래를 결정한다. 힘이 있고 활기찬 언어를 사용하여 내 인생을 좀 더 멋지게 만들고 싶지 않은가. 또한 대인관계에도 죽어가는 언어, 기죽이는 언어가 아니라 생명을 살리고 기를 심어주는 활기찬 언어를 사용해야 하는 이유도 바로 여기에 있다.

癌(암) 암도 입에 달려 있다

'癌' 자를 풀이해보면 그 안에 세 개의 입이 들어 있음을 알 수 있다. 신중하고 또 신중하게 말해야 한다는 의미이기도 하다. 부정의 언어, 비판의 언어, 비난의 언어를 사용한다면, 우리의 피 또한 그렇게 돌게 되어 병을 일으킨다고 믿는다. 그러므로 어떤 음식을 먹을 것인가 보다 더 중요한 것은 어떠한 언어를 사용할 것인가를 결정하는 것이다. 말은 습관이 되고 전염된다. 내가 사용하는 언어가 내 주변 사람들에게 전달되고 그들과의 관계를 형성하는 것이다. 그러므로 긍정적인 사람의 주변에 있으면 긍정적인 사람이 되고, 부정적인 사람의 주변에 있으면 부정적인 사람이 된다.

지금까지 우리 삶의 품격과 운명을 좌우하는 단어들을 살펴봤다. 모두 口(입구) 자가 들어 있는 공통점이 있다. 그러니 '財(재)테크' 보다 더 중요한 것이 '口(구)테크'라고 하지 않는가. 입을 잘 관리해야 돈도 들어오고 좋은 관계를 맺어 나갈 수 있기 때문이다. 문제는 우리가 사용하는 말은 지식이나 학력, 스펙에 달린 것이 아니라 우리가 매일 먹고 토해내는 말에 달려 있다는 것이다. 인간의 수명과 질병과 신뢰와 모든 것이 언어에 달려 있다니 말의 힘이 얼마나 무서운 것인가 새삼 깨닫게 된다. 그래서 '말에 살고 말에 죽는다' 하여 '言生言死(언생언사)'라고 한다. 좀 진하게 표현하면 '口生口死(구생구사)'가 아닐까.

10.

입으로 망한 자는 있어도
귀로 망한 자는 없다

어떤 커플이 아름다운 호숫가를 드라이브하고 있었다. 그런데 갑자기 차량 문이 잠겼다. 깜짝 놀란 여자가 불안해하며 물었다.

"왜 차 문을 잠그고 그러세요?"

그러자 남자가 속삭이듯이 대답했다.

"제 차는 90킬로가 넘으면 저절로 잠겨요."

이 말에 화가 난 여자가 말했다.

"난 90킬로 안 넘거든요!"

말은 안 해도 살 수 있지만, 듣지 않고서는 살아갈 수 없다. 세상 돌아가는 소리를 들어야 지혜로워지고, 세상 돌아가는 소리를 통해서 성장할 수 있기 때문이다. 말은 못해도 세상 살아가는 데 무리가 없다. 그러나 남의 이야기를, 세상 이야기를 듣지 못하면 혼자이고 외롭고 정보에 차단되고 세상 물정은 읽을 수가 없기에 생존하기가 어려울 것이다. 이것이 귀를 닫을 수 없도록 설계한 신의 깊은 뜻이라 여겨진다.

노자는 〈도덕경〉에서 '多言數窮(다언삭궁)'을 강조했다. 말이 많으면 반드시 궁해진다는 뜻이다. 이 또한 말하기보다는 듣는 것에 초점을 맞추어야 인간다움을 유지할 수 있다는 뜻이기도 하다.

우리 속담에도 이런 말이 있다.

'말을 하면 백냥이요, 입을 닫으면 천냥이라'

말을 잘 못하여 궁지에 몰리고 갈등의 씨앗이 되는 경우는 많지만, 들어서 피해를 보는 경우는 없다는 뜻으로 노자의 '다언삭궁'과 같은 의미다. 〈탈무드〉에도 이런 말이 나온다. '입으로 망한 자는 있어도, 귀로 망한 자는 없다'

결국 이 모두가 신이 인간을 그토록 듣는 것, 경청을 중시하도록 설계한 법칙일 것이다. 누구나 언제든지 마음만 먹으면 입은 닫을 수 있지만, 그 누구도 자신의 귀를 닫을 수 없도록 만든 신의 섭리는 경청이 우리를 얼마나 지혜롭게 성장시키는지 알 수 있게 한다.

노숙자 신세가 된 두 노인이 신세 타령을 했다.
"난 남의 말을 듣지 않다가 이 모양 이 꼴이 됐소."
그러자 다른 노인이 이렇게 말했다.
"난 남의 말만 듣다 보니 이 모양, 이 꼴이 됐소."

이순신 장군은 변방에서 오랑캐와 싸우던 육군 장군 출신인데 어떻게 해전에서 세계 역사에 남을 승리를 이끌었을까? 이순신은 수군절도사로 임명되고 나서 매일 어부와 농부들과 어울리며 막걸리를 마셨다고 한다. 일부에서는 능력이 없어 일은 안 하고 주민들과 어울려 술만 마신다고 조정에 장계를 올렸다고 한다. 그런데 그는 어부들과 어울리며 어디가 물살이 세고 조수간만의 차이가 센지, 풍랑이 이는 곳은 어디며 배를 몰기에 안전한 곳은 어디인지 묻고 경청하여 전략가로 변신했다. 결국 한 사람의 경청이 나라의 운명을 바꾼 셈이다.

기업 경영도 마찬가지다. 기업이 존재하는 이유는 고객이며 그 사명 또한 고객에게 있다. 구글은 모든 업무를 시작하기 전에 'Focus on the customer'를 외친다. 고객은 럭비공처럼 어디로 튈지 모르는 존재이지만, 최후의 심판자이기 때문에. 오늘 출근하는 이유도 알고 보면 고객이 부르기 때문이 아닐까? 그래서 들음으로써 마음을 얻는다는 공자의 '이청득심(以聽得心)'의 진리가 통하는 것이다.

〈탈무드〉에 나오는 지혜는 말할 때 우리에게 필요한 미덕 몇 가지를 알려준다.

첫째, 말은 상대방에게 큰 영향을 미치는 힘이 있다. 잘못된 말이나 경솔한 발언은 인간관계를 망칠 수 있고, 심지어 사회적 평판에 악영향을 줄 수도 있다. 우리가 내뱉는 말은 한 번 나가면 되돌릴 수 없기 때문에 신중하게 생각하고 말해야 한다. 반면, '듣기'는 상황을 잘 파악하고 상대방의 의도를 이해하는 데 도움을 준다. 사람들은 자신의 의견을 존중받고 싶어 하고, 귀 기울여 듣는 태도는 상대방에게 존중을 느끼게 한다.

둘째, 귀를 기울이는 것은 타인을 이해하고 공감하는 중요한 수단이다. 우리는 종종 자기 말을 하는 데 집중하다가 상대방의 말을 놓치는 경우가 많다. 하지만 다른 사람의 말을 잘 들으면 더 깊이 있는 대화를 할 수 있고, 서로의 입장을 이해하는 데 도움이 된다. 듣는 과정에서 우리는 타인의 감정, 생각, 경험을 더 잘 이해하게 되고, 그로 인해 신뢰와 존경을 쌓을 수 있다.

마지막으로, 잘 듣는 사람은 더 많은 정보를 얻고 더 나은 결정을 내릴 수 있다. 많은 정보는 말하는 사람보다는 듣는 사람에게 흘러들기 마련이다. 경청은 우리에게 폭넓은 관점을 제공하며, 다양한 의견과 시각을 수용하는 자세를 갖추게 한다. 듣는 태도는 비즈니스, 인간관계, 사회생활 등 모든 면에서 성공의 열쇠가 될 수 있다.

우리는 말하기보다 듣기에 더 많은 시간을 할애해야 하고, 그로 인해 보다 성숙하고 풍요로운 인간관계를 맺어갈 수 있다. 듣기를 통해 타인을 존중하고, 이해하고, 배려하는 자세를 갖춘다면, 우리의 삶은 더 나은 방향으로 나아갈 것이다.

11.

내 뜻대로 원하는 것을 얻어내는 7가지 대화법

말이 어려운 것은 누구나 본능적으로 자기 중심의 언어를 구사하기 때문일 것이다. 내 뜻대로 원하는 대로 대화를 이끌고자 하니 때로는 자기중심적으로 흐르고, 서두르게 되고, 상대방의 입장을 배려하지 못하는 실수를 범하게 된다. 대화는 언제나 서로 주고받는 것이어야 함을 알면서도 번번이 실수를 거듭하는 이유가 바로 여기에 있다.

대화는 사람 사이의 의사소통에서 매우 중요한 요소로 작용한다. 누군가와 대화를 통해 자신의 생각을 전하고, 상대방의 생각을 이해하며, 원하는 결과를 얻어내는 것은 결코 쉬운 일이 아니다. 원하는 것을 얻어내는 대화법에는 여러 가지 전략과 기법이 필요하다.

어느 기업체에서 대화법 특강을 한 적이 있는데 그때 '내가 원하는 대로 얻는 대화법'을 주제로 워크숍을 진행한 적이 있다. 조별로 돌아가면서 1시간 동안 자신의 의견과 경험, 사례 등을 발표하고, 각 조에서 나온 기법들을 모았더니 다음 7가지 대화법으로 정리되었다. 이 대화법은 특별한 논리나 대화의 원칙에 따른 것이라기보다, 우리가 일상 속에서 어떻게 하면 공감대를 형성하고 내가 원하는 것을 얻을 수 있는지에 대한 '윈-윈 기법' 중 하나이다. 다음 7가지 대화법은, 대화란 일방적으로 볼링공을 치듯이 밀어붙이는 것이 아니라 탁구공처럼 서로 주고받으면서 분위기를 만들어 나가는 것임을 잘 설명하고 있다.

첫째, 상대방의 언어로 말한다

효과적인 대화를 위해서는 상대방의 언어를 이해하고 활용하는 것이 중요하다. 여기서 언어란 단순한 모국어가 아니라 사고방식, 표현 스타일, 감정 상태를 말한다.

상대가 어떤 단어와 표현을 쓰고, 어떤 주제를 중시하며, 감정을 어떻게 표현하는지를 파악해 이에 맞춰 말해야 한다. 논리적인 접근을 선호하는 사람에게는 감정보다 명확한 데이터와 근거를 제시하는 것이 효과적이며, 감성적으로 소통하는 사람에게는 따뜻하고 친근한 언어와 공감 표현이 더 적절하다. 결국, 상대방의 대화 방식을 이해하고 조율하는 것이 성공적인 소통의 핵심이다.

둘째, 편안한 분위기 조성을 위해 심리적인 접근을 한다

대화의 성공 여부는 상대의 마음을 여는 데 달려 있다. 대화는 조성된 분위기에 크게 좌우되며, 상대가 불편함을 느끼거나 방어적이라면 아무리 논리적이고 실득력이 뛰어나도 원하는 결과를 얻기 어렵다.

그러므로 대화 초반에는 상대가 편안함을 느낄 수 있도록 심리적 접근이 필요하다. 먼저 신뢰와 안정감을 형성하는 것이 우선이며, 이를 통해 보다 열린 대화를 이끌어낼 수 있다.

셋째, 유머로 벽을 허물고 따뜻한 분위기를 만든다

유머는 사람 사이의 긴장을 풀고 벽을 허무는 강력한 도구다. 적절한 유머는 상대방을 편안하게 만들고, 심리적 거리를 좁혀 대화를 긍정적인 방향으로 이끈다. 그러나 모든 상황에서 유머가 적절한 것은 아니다. 상대방의 감정 상태와 상황을 고려하지 않으면 오히려 역효과를 낼 수 있다. 그래서 타이밍과 분위기를 읽는 것이 중요하다.

적절한 순간에 가벼운 농담이나 재미있는 이야기로 긴장을 풀어주면 신뢰감 형성에 도움이 된다. 예를 들어, 처음 만나는 자리에서 가벼운 자기 비하 유머로 친근감을 주거나, 공통 관심사와 관련된 농담을 던져 공감대를 형성할 수 있다. 결국 유머는 잘 활용하면 강력한 소통 도구가 될 수 있지만, 상황과 상대방을 배려하며 사용해야 한다.

넷째, 먼저 경청하고 설득한다

사람들은 자기 이야기를 진심으로 들어주는 사람에게 호감을 느낀다. 상대가 충분히 말할 기회를 가지면 더 개방적으로 의견을 표현하고, 당신의 말에도 열린 자세를 취한다. 경청은 단순한 듣기가 아니다. 고개를 끄덕이거나 적절한 질문을 통해 이해하려는 태도를 보여야 신뢰와 공감을 얻을 수 있다. 또한, 상대방의 입장을 충분히 파악한 후 설득을 시도하는 것이 더 효과적이다. 경청을 통해 흐름을 읽으면 상대가 더 수용적으로 반응할 가능성이 높아진다.

다섯째, 상대방의 입장에서 생각하고 공감한다

상대방의 입장에서 생각하고 공감하는 것은 신뢰 관계 형성에 필수적이다. 공감이란 상대방의 감정과 생각을 이해하고, 그들의 시각에서 문제를 바라보는 것을 의미한다. 공감을 표현하면 상대방은 자신이 이해받고 있다고 느껴 대화에 더욱 적극적으로 참여하려는 의지를 갖게 된다. 공감을 효과적으로 전달하는 방법은 적극적인 공감 표현을 사용하는 것이다.

예를 들어 "당신이 이런 상황에서 그렇게 느낀 이유를 알 것 같아요.", "그 부분은 정말 힘들었겠네요."와 같은 표현을 활용하면 상대방이 더 편안하게 자신의 감정을 공유할 수 있고, 대화도 자연스럽게 이어질 수 있다.

여섯째, 상대방이 원하는 것을 미리 준다

대화에서 원하는 것을 얻으려면 먼저 상대방이 원하는 것을 제공하는 것이 효과적이다. 이는 상호성의 법칙에 따른 것으로, 사람은 받은 만큼 돌려주려는 경향이 있다. 예를 들어 비즈니스 협상에서 상대의 요구를 먼저 수용하거나, 개인적인 대화에서 상대가 관심 있는 주제를 제시하면 상대도 긍정적으로 반응할 가능성이 높아진다. 이 전략은 상대방이 이익을 얻고 있다고 느끼게 하며, 신뢰를 형성해 대화를 원활하게 이끄는 데 도움을 준다.

일곱째, 똑똑한 척 말하지 않고 상대방을 존중한다

대화에서 가장 피해야 할 태도는 상대방에게 자신이 더 똑똑하다고 느끼게 만드는 것이다. 이는 상대방의 자존심을 상하게 하고 대화 분위기를 불편하게 만든다. 대신, 상대의 의견과 경험을 존중하는 것이 중요하다. 예를 들어, "당신의 의견에 동의해요. 하지만 제 생각은 조금 다릅니다."와 같이 표현하면 상대방을 존중하면서도 자신의 입장을 효과적으로 전달할 수 있다. 이러한 태도는 상대가 더 열린 마음으로 대화에 참여하도록 유도하며, 결과적으로 원하는 것을 얻는 데 도움이 된다.

12.

달변가가 되고 싶다면
다독가가 되어야 한다

어느 날 아내가 갑자기 남편에게 애교를 부리며 말했다.

"여보, 나의 어떤 점이 제일 좋아요? 내 지성미? 아니면 이 근사한
몸매?"

그러자 남편이 퉁명스럽게 말했다.

"당신의 그 유머 감각이 좋아."

"그 하룻밤, 그 책 한 권, 그 한 줄로, 혁명이 가능해질지도 모른다."
니체의 말이다. "당신의 인생을 가장 짧은 시간 안에 위대하게 바꿔
줄 방법은 무엇인가. 만약 당신이 독서보다 더 좋은 방법을 알고 있다
면, 그 방법을 따르기 바란다." 투자가 워런 버핏의 이야기다. 세계 최
고의 투자자이며 부자인 워런 버핏은 '책과 신문 속에 富(부)가 있다'
라는 명언을 남겼다. 그는 경제지를 남보다 먼저 읽기 위해 별도의 계

약을 할 만큼 읽는 것에 집중한다고 한다. 어떤 사람이 그에게 성공의 지혜를 묻는 편지를 보냈다.

"당신의 성공 요인은 무엇인가요?"

그는 답장에 이렇게 간단히 썼다.

'Read, Read and Read'

손정의는 일본 최고의 부자인데, 그 또한 3년간 병실에 누워 있을 때 4천 권의 책을 읽었다고 한다. 이것이 그를 부자로 만들어준 비결이었다. 'Reader=Leader', 'Runner=Learner'라는 공식은 동서고금을 통해서 밝혀진 불변의 진리다. 링컨은 "책을 한 권 읽는 사람은 두 권 읽는 사람의 지배를 받는다."라고 말했다. 그러니 혼자 있을 때일수록 '독수공방이 아니라 독서공방' 할 수 있는 학습 태도를 가져야 한다.

독서를 주제로 기업에 나가 강의할 때마다 제일 먼저 던지는 인사말이 있다. 바로 "북 모닝!"이다. 오전에 만나는 동료들에게 이런 인사를 나누길 권하는 것이다. 아침 독서 10분이 인생을 바꾼다는 말이 있다. 출근해서 10분 정도 책을 읽는 루틴도 업무력 향상에 도움이 된다는 연구 결과가 있다. 나폴레옹은 24세에 장군이 되고, 34세에 황제 자리에 올랐다. 그를 이른 나이에 영웅으로 만든 것은 독서라는 분석이 있다. 〈젊은 베르테르의 슬픔〉을 7번이나 애독하고, 독일을 점령하고 제일 먼저 만난 사람이 괴테였다. 전쟁 중에도 책을 실은 마차가 뒤따랐고 사서를 데리고 다닐 만큼 대단한 독서광이었다.

'나의 사전에는 불가능이 없다'라는 그의 자신감은 이런 독서에서 나왔다고 볼 수 있다. 그래서 'Read&Lead Leadership'이 요구된다.

책은 말 없는 스승이라고 한다. 책을 가까이하는 것보다 더 좋은 자기 계발은 없다. '다독해야 나를 다독'일 수 있기 때문이다. 그러니 읽는 인간, 즉 호모 레겐스(Homo Legens)로 거듭나야 한다.

처칠, 아인슈타인, 에디슨에게는 두 가지 공통점이 있다고 한다. 하나는 학습 부진아였다는 것이고, 또 하나는 독서광이었다. 인류 역사를 통틀어 보면 나이를 불문하고 독서는 개인이나 조직의 혁명을 가져온다는 것이 입증되고 있다. 그래서 루소는 '독서는 완벽한 사람을 만든다'라고 말했는지도 모른다.

〈탈무드〉의 첫 장과 마지막 장은 공란으로 되어 있다. 첫째 장을 공란으로 둔 이유는 '우리는 항상 과정에 있으며, 공부하는 데는 따로 시작이 없다'라는 의미다. 누구나 현재 삶의 위치에서 학습해야 한다는 뜻이다. 마지막 장을 비워둔 이유는 '삶에서 얻은 지식과 경험으로 평생 채워가라' 하는 뜻이 들어 있다. 평생 학습하라는 의미다. '히누치'는 히브리어로 교육을 의미하는데 '준비한다'는 뜻을 갖고 있다. 평생 학습을 통하여 준비해야 제대로 된 삶을 살 수 있다는 것이다.

유대 민족인 이스라엘에 없는 게 하나 있다고 한다. 바로 헌책방이다. 한 번 산 책은 절대 팔지 않고 보관하고 또 보고 또 보기 때문이다.

사람이 만든 책보다, 책이 만든 사람이 많다. 독서 해야 독보적인 사람이 되고 독주할 수 있다.

그런데 한 발 더 나가서 요즘은 '독서보다 독써'가 강조되고 있다. '읽고 써야' 균형 잡힌 지성을 뽐낼 수 있고, 자기 분야에서 성과를 낼 수 있기 때문이다. 독서는 단순한 정보 습득을 넘어 업무 성과를 극대화하는 데 필요한 여러 능력을 개발하는 중요한 도구다. 지식의 확장, 창의력과 문제 해결 능력의 향상, 비판적 사고 강화, 리더십과 의사소통 능력 개발, 스트레스 관리 등 독서는 다양한 방식으로 업무 성과에 긍정적인 영향을 미친다. 지속적으로 독서하는 습관을 통해 변화하는 환경에 능동적으로 대응하고, 더 나은 성과를 달성할 수 있다. 그러니 읽지 않으면 읽히게 되고, 읽지 않으면 가진 것마저 잃게 된다.

많은 사람은 말 잘하는 사람, 즉 달변가의 비결을 타고난 재능이나 특별한 훈련이라고 생각한다. 그러나 달변가들이 공통적으로 가지고 있는 특징 중 하나는 바로 책을 많이 읽는 다독가라는 점이다. 책을 읽는다는 것은 단순한 지식 습득을 넘어 사고의 깊이와 폭을 넓히고 언어를 사용하는 능력을 풍부하게 만들어 준다.

첫째, 논리적인 사고력을 키운다

책을 많이 읽으면 논리적 사고와 구성력이 향상된다. 독서는 작가의 주장 전개 방식과 논리 구조를 익히는 과정이다. 특히 철학서, 논픽션, 고전문학은 복잡한 개념을 이해하고 체계적으로 사고하는 데 도움을 준다. 예를 들어, 소크라테스의 대화법이나 아리스토텔레스의 논증 방식을 다룬 책을 읽으면 논리적인 근거를 바탕으로 자신 있게 말할 수 있는 능력이 길러진다. 저자의 논리 전개 방식을 분석하며 사고력을 키우면 어떤 상황에서도 조리 있게 말할 힘이 생긴다.

둘째, 어휘력과 표현력이 향상된다

어휘력은 달변가에게 필수적인 요소다. 책을 읽으면 자연스럽게 다양한 어휘와 표현을 익히게 된다. 문학, 역사, 과학, 자기계발서 등 다양한 장르의 책을 접하면 표현의 폭이 넓어지고, 상황에 맞는 적절한 단어를 선택하는 능력이 길러진다. 예를 들어, 시와 문학은 감성적인 표현을, 과학 서적과 역사서는 정확하고 객관적인 용어를 익히는 데 도움을 준다. 풍부한 어휘력은 메시지를 더욱 효과적으로 전달할 수 있도록 한다.

셋째, 사고의 깊이와 통찰력이 커진다

책은 새로운 관점과 통찰을 제공한다. 다양한 주제를 접하면 더 넓은 시야로 문제를 바라볼 수 있는 능력이 향상된다. 특히 복잡한 주제나 논쟁적인 이슈를 다룰 때 다독을 통해 얻은 깊이 있는 지식과 사례는 강력한 논리적 근거가 된다. 예를 들어, 경제나 정치 토론에서 책에서 얻은 정보와 논리를 바탕으로 설득력 있는 주장을 펼칠 수 있다.

넷째, 감정 표현과 공감 능력이 높아진다

책을 읽으면 다양한 인물의 감정과 상황을 경험할 수 있다. 특히 소설이나 전기 같은 문학 작품은 인물의 내면을 이해하는 데 도움을 주며, 감정을 표현하는 능력을 키운다. 말을 잘하는 사람은 단순히 논리적으로 말하는 것이 아니라 상대방의 감정을 고려하고 공감할 줄 아는 사람이다.

감동적인 이야기를 효과적으로 전달하려면 감정을 자연스럽게 표현하는 능력이 중요하며, 이는 다독을 통해 길러진다.

다섯째, 다양한 문화와 지식에 대한 이해가 커진다

책은 직접 경험하지 못한 다양한 문화와 분야에 대한 이해를 넓힌다. 역사, 과학, 예술, 철학 등을 읽으면 새로운 세계를 간접적으로 경험할 수 있다. 예를 들어, 다문화적 이해가 필요한 사회에서는 다양한 문화적 배경을 존중하는 태도가 원활한 대화를 이끄는 데 필수적이다. 책을 통해 얻은 지식은 상대방과의 공통점을 찾고, 소통을 원활하게 하는 데 도움을 준다.

여섯째, 자신감과 자기 표현력이 강화된다

풍부한 지식은 자신감을 높인다. 다양한 주제에 대한 이해가 깊어지면 말할 때 확신을 가질 수 있고, 예상치 못한 질문에도 당황하지 않고 대답할 수 있다. 책을 많이 읽은 사람은 대화의 흐름을 주도할 수 있으며, 논리적으로 정리된 의견을 자신 있게 표현할 수 있다.

달변가가 되는 길은 다독에 있다. 책을 많이 읽으면 논리적 사고력, 어휘력, 감정 표현, 통찰력, 문화적 이해, 자신감까지 모든 면에서 말하기 능력이 향상된다. 결국 읽는 만큼 말할 수 있기 때문에 다독을 습관화하면 더 나은 소통자가 될 수 있다.

13.

먼저 듣고 의미를 전달하는 4가지 기법

어떤 예쁜 여자가 수영장에서 머리만 내놓고 친구들에게 소리쳤다.

"누가 내 수영 팬티를 가져갔어!"

그러자 젊은 청년 십여 명이 미친 듯이 물속으로 뛰어들었다. 그런데 잠시 후 그 여자가 이렇게 말했다.

"그래서 언니 수영 팬티 입고 왔어."

사람의 말은 끝까지 들어야 한다. 경청이 어려운 것은 이처럼 선입견을 품고 예단하는 데 있다. '아침에 도를 들으면 저녁에 죽어도 좋다'라는 공자의 가르침이 있다. 그런데 어떤 사람이 이 말을 이렇게 들었다. '아침에 돌을 들으면 저녁에 죽어도 좋다'

경청이 얼마나 중요한지를 깨닫게 한다. 도(道)와 돌(石)을 구분 못하게 만드니 말이다. 이순(耳順), 귀가 순해져 자기중심이 아니라 객관적으로 들을 수 있는 나이로 공자는 60을 '이순'이리고 말했다. 말을 배우는 데는 3년 걸리지만, 듣는 데는 60년이 걸린다는 말이 여기에서 나왔다. 신체 구조상 입이 정중앙에 하나밖에 없는 것은 바르게 말하라는 것이다. 그리고 귀가 양쪽에 붙어 있는 것은 좌우로 균형 있게 들으라는 뜻이 아닐까. 말을 많이 한다는 비난은 받아도 너무 많이 듣는다는 비난을 받은 사람은 없다. 그래서 공자는 이렇게 말했다. '이청득심(以聽得心)하라.' 들음으로써 사람의 마음을 얻으라는 뜻이다. 도를 들을 것인지, 돌을 들을 것인지는 경청에 달려 있다. 도를 들으면 성숙해지지만, 돌을 들으면 허리가 구부러진다는 걸 기억해야 한다.

2천 년 전 로마 정치가 키케로는 이렇게 말했다.

"침묵은 예술이다. 웅변도 예술이다. 그러나 경청은 잊혀져 가는 예술이다. 경청을 잘하는 사람은 매우 드물다."

이처럼 경청의 중요성과 실천의 어려움을 역설한 바 있다. 상대방의 말을 잘 귀담아듣는 것은 예나 지금이나 가장 어려운 과제이며, 또 리더의 덕목이고 상대를 설득하는 기술임에 틀림이 없다. 하지만 본능적으로 듣기보다는 말하기를 좋아하는 것이 우리의 현실이다. 그러면 귀한 대접을 받으려면 귀를 주어야 한다. 귀를 줄수록 귀한 존재가 되기 때문이다. 그러니 다음과 같은 원칙으로 상대방의 말에 귀 기울이는 습관을 키워 나가자.

첫째, 상대방의 입장에서 생각한다

커뮤니케이션의 효과는 상대가 원하는 것을 먼저 파악하고, 상대의 입장에서 대화하는 것에 달려 있다. 특히 불평 고객을 대할 경우, "제가 손님 입장이라도 똑같은 감정을 느낄 겁니다."와 같이 감정을 표현하면 상대를 충분히 이해하고 있음을 전달할 수 있다.

둘째, 상대의 말하는 바를 이해한다

핵심을 파악하지 않고서는 상대를 설득하거나 공감할 수 없다. 상대가 의도하는 바를 분석한 후 상대의 핵심 메시지를 파악하고, 그에 맞는 적절한 행동을 취하는 것이 경청의 핵심이다.

셋째, 인내심을 갖고 끝까지 경청한다

훌륭한 의사나 커뮤니케이터일수록 듣는 것이 말하는 것보다 효과적이라는 사실을 잘 알고 있다. 듣는다는 것은 상대방을 인정하고 배려하는 마음을 전달하는 과정이기 때문이다.

넷째, 상대의 불평을 말하게 한다

불만을 가진 고객 중 실제로 불평을 제기하는 사람은 단 4%에 불과하다는 통계가 있다. 이는 기업의 서비스 문화가 낙후되었음을 의미한다. 자넬 발로(Janelle Barlow)는 불평하는 고객이 초일류 기업을 만든다고 강조한다. 고객의 불평을 귀담아듣고 대응하면, 그 고객은 옹호 고객이 되고 머지않아 충성 고객으로 발전할 가능성이 높아진다.

상대방의 말을 들어주는 것만으로도 그의 존재를 인정하고 배려하는 것이다. 우리는 자신의 말에 귀 기울여 듣는 사람에게 마음을 열게 되어 있다. 고객을 내 편으로 만드는 비결은 말을 많이 하는 것이 아니라 이처럼 그의 말에 귀를 기울이는 것만으로도 충분하다.

'聽(청)'자는 임금(王)의 귀(耳)와 열(十) 개의 눈(目), 하나(一)의 마음(心)으로 듣는다는 의미를 가진다. 이는 진정한 경청이 단순히 듣는 것이 아니라 마음을 기울여 상대를 이해하는 과정임을 보여준다. 사람의 귀는 외이(外耳), 중이(中耳), 내이(內耳)로 구성되어 있다. 그러나 많은 사람은 외이로만 듣고 지나친다. 물속에 뛰어든 남자처럼 단순히 소리를 듣는 것이 아니라 메시지 자체를 이해하는 것이 중요하다. 진정한 경청은 내이로 듣는 것이다.

피터 드러커 교수는 "20세기는 말하는 시대였다면, 21세기는 경청의 시대"라고 말했다. 그러나 많은 사람은 말부터 하려는 심리를 자제하지 못해 경청에 어려움을 느낀다. 제대로 들으려면 소리가 아니라 메시지에 집중해야 하며, 상대의 의도를 정확히 해석해야 한다.

"내가 발견한 커뮤니케이션 요소 중 가장 중요한 것은 듣는 것이다. 듣는다는 것은 수동적인 과정이 아니다."

커뮤니케이션 전문가 케빈 호건의 말이다. 훌륭한 커뮤니케이터일수록 듣는 것이 말하는 것보다 더 중요하다는 사실을 잘 알고 있다. 듣는 것은 단순한 정보 수집이 아니라 상대방을 인정하고 배려하는 마음을 표현하는 과정이다.

14.

경청을 잘하면 얻을 수 있는
6가지 이점

유명 아이스크림 가게에 어느 날 조폭처럼 무섭게 생긴 아저씨 고객이 나타났다. 알바생이 정중하게 고객을 맞이했다.

"바닐라 아이스크림 주세요."

"네, 여기 있습니다, 고객님!"

"더 퍼주세요!"

순간 큰 덩치에 주눅이 든 알바생은 미소를 잃지 않으며 아이스크림을 조금 더 퍼주었다. 그런데 고객은 "더 퍼달라니까!" 하고 소리 지르는 것이었다. 겁에 질린 알바생은 아주 많이 퍼주면서 "여기 있습니다!" 하고 말했다. 그러자 그 고객은 웃으면서 이렇게 말했다.

"아니, 뚜껑을 덮어 달라니까요!!"

이처럼 선입견을 가지면 제대로 상대방의 말을 알아들을 수가 없다. 덩치기 그고 조폭처럼 무섭게 생겼다는 선입견 때문에 공짜로 아이스크림을 더 달라는 뜻으로 알아차린 알바생은 꾹꾹 눌러 더 퍼주었지만, 결국 뚜껑을 덮어 달라는 말이었다. 경청 기술은 효율적인 커뮤니케이션을 이루는 데 중요한 역할을 한다. 최고의 커뮤니케이터는 가장 훌륭한 경청자라고 한다. 이처럼 정성껏 귀 기울이는 태도는 커뮤니케이션 과정에서 매우 중요하다. 경청이란 단순히 귀로 듣는 것 이상, 즉 상대방의 입장에서 배려하며 듣는 것이기 때문이다.

경청을 잘하는 사람은 그렇지 못하는 사람에 비해서 대인관계에서 많은 이득을 얻을 수 있다.

첫째, 긍정적인 인간관계를 맺을 수 있다

상대방의 말을 잘 듣고 이해하면 신뢰와 존중이 쌓이며, 건강한 관계가 형성된다. 아무리 대화가 원활하게 진행되더라도 상대와 신뢰 관계가 없다면, 진정한 소통이라 할 수 없다.

둘째, 문제 해결 능력을 향상시킬 수 있다

상대방과 신뢰 관계가 형성되면 더 나은 해결책을 찾을 수 있다. 상대의 입장을 고려하고 이에 맞춰 행동하면 갈등을 줄이고 효과적으로 문제를 해결할 수 있다.

셋째, 자기 계발과 성장을 이룰 수 있다

30년간 교직 생활을 한 경험에 따르면, 공부를 잘하는 학생은 집에서 공부를 많이 하는 것이 아니라 교수의 강의를 잘 경청하는 학생이었다. 직장에서도 마찬가지다. 상대방의 말을 잘 듣고 이해하는 과정에서 시야가 넓어지고, 새로운 관점을 받아들이는 능력이 향상된다. 이는 자기 성장과 발전으로 이어진다.

넷째, 신뢰를 증진시키고 성과를 높일 수 있다

경청하는 사람은 더 많은 신뢰와 존경을 얻는다. 사람들은 자신의 말을 존중해주는 사람에게 더 큰 신뢰를 느끼며, 이는 상호 신뢰와 존경을 증진시킨다. 흔히 말 잘하는 사람이 리더가 된다고 생각하지만, 진정한 신뢰는 상대방의 마음을 얻는 경청에서 비롯된다. 말을 많이 하는 사람보다 따뜻하게 들어주는 사람에게 더 깊은 신뢰를 느끼게 된다.

다섯째, 친밀감과 공감대를 형성할 수 있다

소통이 많았음에도 공감하지 못했다고 느낀다면, 진정한 대화가 이루어지지 않은 것이다. 이는 상대방의 이야기를 귀담아듣지 않았기 때문이다. 경청은 공감을 이끌어내고, 친밀감을 형성하는 핵심 요소다. 경청 없이 말만 한다면 서로 다른 언어로 허공에 이야기하는 것과 다를 바 없다.

여섯째, 갈등을 해결할 수 있다

서비스가 나빠 직원에게 불만을 표현했지만, 그 직원이 공손하게 경청하사 화가 풀리고 오히려 후회했던 경험이 있다. 이는 상대방의 말을 잘 들어주는 것만으로도 갈등이 완화될 수 있음을 보여준다. 직장에서도 불만이나 갈등이 있을 때 상대가 내 말을 경청한다면 오히려 문제 제기를 미안하게 느끼게 된다. 결국 경청하는 태도 자체가 갈등을 해결하는 강력한 도구가 된다.

말은 부족해도 문제지만 지나쳐도 효과를 발휘하지 못한다. 그러나 말을 많이 하려고 하기보다는 가능한 한 상대방이 말을 많이 할 수 있도록 여건을 조성하는 것이 중요하다. '123 화법'이 도움을 줄 수 있다. 나의 이야기는 1분 이내에 끝내고, 상대방이 2분 이상 이야기하도록 분위기를 유도하며, 3번 이상 맞장구쳐서 공감대를 이끌어내는 대화 기법이다. 여기에 유머 한두 가지를 첨가하면 금상첨화다. 듣는 자세가 뛰어나면 어떠한 협상이나 문제도 쉽게 풀어갈 수 있다. 잘 들어주기만 해도 상대방을 진정시킬 수 있고 설득하기도 쉽다.

15.

경청을 잘하는 사람들의
5가지 원칙

어떤 환자가 수술대에 올랐다. 처음 받는 수술이라 보통 무서운 일
이 아니었다. 수술실에 들어온 의사를 붙들고 말했다.
"선생님, 제가 처음 받는 수술이라 무서워요."
그러자 의사는 아무렇지도 않다는 듯이 이렇게 말했다.
"사실은 저도 수술이 처음이거든요."

이 말을 들은 환자는 위안을 얻기는커녕 오히려 더 불안에 휩싸일
수밖에 없다. 좀 더 따뜻한 말을 듣고 싶어 의사에게 매달린 건데 자
신도 수술이 처음이라 무섭다는 얘기는 환자를 무시하고 두렵게 만드
는 일이기 때문이다. 의사에게 중요한 것은 뛰어난 의료 기술만이 아
니라 환자의 고통에 귀 기울여주는 배려다. 그래서 의술 못지않게 중
요한 치료법이 경청이라고 한다.

경청을 잘하는 사람들에서는 몇 가지 공통점이 있다. 그동안 커뮤니케이션 교육을 하며 그들과 대화를 나누면서 얻은 교훈을 중심으로 정리해 보면 다음과 같다

상대방에게 주의를 집중한다

경청을 잘하는 사람들은 상대에게 온전히 집중하며, 진심으로 관심을 갖는다. 대부분 사람은 듣고 싶은 것만 선별적으로 듣거나 상대방의 말을 가로채는 경향이 있지만, 경청하는 사람은 귀뿐만 아니라 시선, 몸짓(제스처)까지 상대방에게 집중한다. 이를 통해 상대가 더 편안하고 진지하게 이야기할 수 있는 환경을 만들어준다.

비판적으로 판단하지 않는다

잘 듣는 사람은 상대의 의견을 비판적으로 받아들이지 않고, 존중하며 대화를 이어간다. 반면, 경청을 잘하지 못하는 사람들은 상대가 틀린 말을 하거나 자신의 주장과 다를 때 대화를 가로채고 자기 의견을 강조하는 경향이 있다. 경청은 상대의 의견을 긍정적으로 수용하여 분위기를 부드럽게 만들고 신뢰를 형성한다. 만약 상대를 비판적으로 바라보면, 상대방도 방어적인 태도를 취하며 속마음을 드러내지 않게 된다.

적절한 질문으로 대화를 이끈다

경청은 단순히 듣는 것이 아니라 적절한 타이밍에 질문을 던져 의

미를 깊이 파악하는 과정이다. 질문은 '나는 당신의 이야기에 관심이 있으며, 더 자세히 알고 싶다'라는 메시지를 전달한다. 반대로, 무조건 듣기만 하면 상대방이 '성의 없이 듣고 있다'라고 오해할 수 있다. 그러므로 주제와 관련된 적절한 질문을 던지는 것이 효과적인 경청의 기술이다.

비언어적 신호를 읽는다

경청은 말소리만 듣는 것이 아니다. 상대방의 몸짓, 표정, 눈빛, 손짓 등을 통해 감정과 의도를 파악해야 한다. 의사소통에서 불신이 생기는 이유는 상대의 의도를 제대로 파악하지 못하고 섣불리 판단하기 때문이다. 그래서 비언어적 신호를 읽으면 상대가 전달하려는 진정한 메시지를 파악할 수 있다.

피드백을 통해 메시지를 주고받는다

경청을 잘하는 사람들은 자신이 잘 듣고 있다는 것을 피드백으로 표현한다. 단순히 듣기만 하고 아무런 반응이 없다면, 상대는 대화가 원활하게 이루어지지 않았다고 느낄 수 있다.

대화 중에 상대의 말을 요약하거나 피드백을 제공하면, 상대는 자신의 말이 잘 전달되었다고 느끼고 신뢰감을 갖는다. 그래서 피드백을 주고 대화를 효과적으로 마무리하는 것도 경청의 중요한 요소다.

경청을 잘하는 사람들은 다섯 가지 원칙을 적용한다면 비즈니스든 대인관계든 어디에서든지 인정받으며 상대방을 내 편으로 만들 수 있다. 그러면 경청을 제대로 하지 못하는 사람들에게는 어떤 공통점이 있을까? 우선 상대방이 이야기할 때 자주 말을 중단하거나 간섭하여 상대방의 의견을 끊어버리는 습관이 있다. 또한 상대방의 의견이나 감정에 과도한 반응을 보이거나 비합리적으로 대응하여 대화의 흐름을 방해하는 경향이 있다. 게다가 대화 중에 주의를 산만하게 잃거나 다른 곳을 바라보며 상대방의 이야기를 듣지 않는 경우가 있다. 말을 많이 하거나 잘하는 것으로 상대방을 내 편으로 만드는 것이 아니라 상대방의 말을 잘 들어 줌으로써 그의 마음을 얻는 것이다.

마더 테레사 수녀에게 어느 날 기자가 물었다.
"수녀님은 기도할 때 주로 어떤 말을 하세요?"
그러자 테레사 수녀는 이렇게 말했다.
"전 그저 듣기만 해요."
기자는 다시 궁금해서 물었다.
"그러면 하느님은 무어라 말합니까?"
그러자 수녀는 이렇게 말했다.
"그분도 듣기만 해요."

테레사 수녀의 이 말을 통해서 듣기가 얼마나 신비스러운 능력인가를 엿보게 한다. "나는 하느님의 말씀을 듣고, 하느님은 나의 말을 듣는다." 이것이 수녀가 들려주는 경청의 힘이다.

16.

100-1=0의 법칙이 설득을 좌우한다

어느 가게 앞에 사람들이 자전거를 막무가내로 세워두는 바람에 주인은 장사에 방해된다며 자전거를 세워두지 말라고 정중히 글을 써 붙였다.

'영업에 방해 되니 여기에 자전거를 세워두지 마세요.'

그래도 사람들이 여전히 자전거를 세워두자, 궁리 끝에 이런 문구를 붙였더니 아무도 그 자리에 자전거를 세워두는 사람이 없었다.

"여기 세워진 자전거는 모두 공짜 처분하오니 가져가도 됩니다!"

세상에서 가장 무서운 벌레는 大蟲(대충)이다. '충(蟲)'은 벌레를 뜻하므로 '큰 벌레'라는 의미지만, 실제로는 소통과 설득에서 '대충'하는 태도를 경계하는 의미로도 볼 수 있다. 소통의 성패는 대충과 디테일(세심함)의 차이에 달려 있다.

이 글을 읽으면서 내 안에 '대충'이라는 큰 벌레기 자리잡고 있는지, 아니면 세심한 태도로 철저한 준비를 하고 있는지 점검해야 한다. 대충이 통하는 세상은 벌레들의 세상뿐이다. 소통과 설득에서 '대충'은 결코 인정받을 수 없다.

흔히 사소한 것에 목숨 걸지 말라고 하지만, 그것은 인생에서의 이야기일 뿐, 설득에서는 정반대다. 특히 누군가를 설득하는 대화에서는 사소한 디테일이 설득력을 좌우한다.

나는 '100-1=0의 법칙'을 중요하게 생각한다. 이 법칙은 묘하게도 대화에서 결정적인 역할을 한다. 말을 하다가 사소한 것 하나 때문에 전체를 망치는 경우를 많이 보았다. 100번 잘하다가도 한 번 말실수로 신뢰감을 잃는 경우를 흔히 본다. 100번 좋은 인상을 주었지만, 나쁜 인상 한 번으로 믿음을 깨는 경우도 있다. 과거에 100번 잘했다는 것이 언제나 용인되는 것은 아니다. 특히 뭔가를 주고받는 설득의 대화 기법에서는 이 법칙을 꼭 기억해야 한다.

이런 법칙은 심지어 식물학에서도 많이 연구되고 있다. 독일의 생물학자인 리비히는 '최소량의 법칙(Law of Minimum)' 이론을 주장했다. 이는 '식물의 생산량이 가장 소량으로 존재하는 성분에 의해 지배받는다'라는 법칙을 말한다. 다른 성분이 아무리 풍족해도 하나의 특정 성분이 부족하면, 그 식물의 생육은 그 부족한 성분에 의해 영향을 받는다는 것이다. 즉, 가장 부족한 요소가 전체 성장을 결정한다는 뜻이다.

이는 학생들이 한 과목만 파고들어 그 과목을 100점 맞았다고 해서 전체 성적이 올라가는 것은 아니라는 공부의 원리와도 같다. 이것이 '100-1=0의 법칙'이고, 사소한 것에 목숨 걸라는 '디테일(Detail)의 법칙'이다.

노자는 "세상의 어려운 일은 반드시 쉬운 일에서 시작되고, 큰 일은 작은 것에서 만들어진다."라고 말했다. 설득에서도 작은 디테일 하나가 성패를 결정짓는다. 백 마디가 옳아도 한 마디가 거칠면, 혹은 백 번 잘했다고 하더라도 한 번의 말실수로 설득력을 잃을 수 있기 때문이다. 설득의 과정에서 디테일의 중요성은 종종 간과되지만, 사실 디테일은 설득의 성패를 좌우할 수 있는 결정적인 요소다. 아무리 설득력이 있는 주장을 펼치더라도 작은 실수나 사소한 세부 사항에서의 오류는 전체 메시지의 신뢰도를 떨어뜨리고 협상이나 대화의 흐름을 망칠 수 있다. 디테일의 법칙이란 바로 이러한 점을 인식하고 세부적인 요소 하나하나에 주의를 기울여 설득력을 극대화하는 기법을 의미한다.

디테일은 신뢰를 만든다

설득에서 신뢰는 가장 중요한 요소다. 전달하는 정보가 정확하고 일관되어야 신뢰를 얻을 수 있으며, 작은 디테일 하나라도 틀리거나 모호하면 상대는 전체 메시지를 의심하게 된다. 예를 들어, 제품의 성능을 설명할 때 세부 정보가 애매하거나 틀리면, 고객은 그 제품 자체를 신뢰하지 않게 된다. 작은 오류 하나가 전체 신뢰를 무너뜨릴 수 있음을 기억해야 한다.

디테일은 준비성을 보여준다

디테일은 또한 설득의 준비성을 보여준다. 설득을 위해 철저한 준비를 했다는 것은 상대방이 나의 주장을 더욱 진지하게 받아들이도록 만든다. 반면, 디테일이 부족하거나 부정확하면 준비가 미흡하다는 인상을 주어 설득력을 잃게 될 수 있다. 예를 들어, 협상에서 상대방의 제안에 대해 디테일한 분석을 통해 강점과 약점을 짚어낼 수 있다면, 협상에서 우위를 점할 수 있다.

작은 실수가 큰 문제를 초래한다

작은 실수는 전체 설득 과정을 망칠 수 있다. 흔히 '악마는 디테일에 있다'라는 말처럼, 협상이나 설득 과정에서 작은 실수 하나가 전체 흐름을 깨뜨릴 수 있다. 사소한 오류라도 상대의 신뢰를 무너뜨릴 수 있으므로, 세부 사항까지 철저히 검토해야 한다.

디테일은 논리의 뼈대를 완성한다

디테일은 논리의 뼈대를 완성하는 역할도 한다. 설득력 있는 주장은 구체적인 근거와 디테일한 설명이 뒷받침될 때 강력해진다. 추상적인 주장은 순간적인 관심을 끌 수 있지만, 디테일이 부족하면 신뢰를 얻기 어렵다. 구체적인 사례, 정확한 데이터, 논리적인 전개가 함께할 때 설득력 있는 논리가 완성된다.

설득에서는 철저한 준비와 세부적인 정보가 핵심이다. 정확한 정보와 사실에 기반한 설득, 구체적인 예시와 사례를 통한 설득, 세부 사항에서 드러나는 준비성과 분석력을 보여주는 설득이 필요하다. 이처럼 디테일을 놓치지 않고 철저히 준비하는 것이야말로 설득의 성공을 보장하는 가장 강력한 전략이다.

17.

상대를 내 편으로 만드는
설득의 기술

처칠은 늦잠 자는 버릇 때문에 화제가 된 인물이다.

처칠에게는 '파이프 담배와 위스키 그리고 늦잠'이라는 별명이 붙었다.

어느 날 한 야당 의원이 이를 비난하고 나섰다.

"국민은 늦잠을 자는 정치인을 원하지 않습니다."

이 말을 들은 처칠은 이렇게 응수했다.

"그래요? 당신도 나처럼 예쁜 여자와 함께 산다면 아침에 일찍 일어나지는 못할 겁니다."

성공하는 사람들이 상대방을 내 편으로 만들고 자신의 뜻을 원활하게 전달할 수 있는 이유는 설득력이 뛰어나기 때문이다. 설득력은 대화법에서 중요한 기술 중 하나로 그 사람의 아이디어나 목표를 다른 사람에게 효과적으로 전달하고 상대방이 그에 동의하도록 이끄는 능력을 의미한다. 상대방을 설득하기 위해서는 고정된 태도를 버리고 유연한 자세를 갖추어야 한다. 커뮤니케이션은 상대방과 주제에 따라서 다양한 상황을 갖기에 유연한 자세를 취하면서 원하는 것을 얻어야 한다.

설득에서 가장 중요한 요소 중 하나는 합리적인 논리와 근거를 제시하는 것이다. 주장은 객관적인 사실과 논리에 기반해야 하며, 특정 개인이나 집단의 이익을 위한 것이 아니라, 제삼자의 입장에서도 타당하게 보일 때 설득력이 생긴다. 만약 자신의 이익만을 위해 접근한다면, 상대방은 마음을 열지 않을 것이다.

그러나 논리만으로 상대방을 설득할 수는 없다. 감성 지능을 활용하는 것이 중요하다. 설득의 대가들은 사람이 마음의 문을 여는 것은 논리가 아니라 감정적으로 수용이 가능하다고 느낄 때라고 말한다. 그래서 논리적인 주장과 함께 감성적인 접근을 병행해야 한다. 상대방의 감정에 호소하면 더 깊은 신뢰가 형성되고, 설득력이 배가 된다. 결국 정서적인 신뢰 관계야말로 효과적인 커뮤니케이션의 핵심이다.

또한 일관성을 유지하는 것이 설득의 기본이다. 상대방이 신뢰를 느끼는 순간은 내 말이 앞뒤가 맞고 일관성이 있을 때다. 유리한 입장을 차지하기 위해 말을 바꾸거나 급하게 설득하려다 보면 자연스럽게 모순이 생기고 신뢰를 잃을 수 있다. 그러니 일관성 있는 주장을 펼쳐 상대방이 논리를 수긍할 수 있도록 해야 한다.

무엇보다 역지사지의 자세를 가져야 한다. 내가 원하는 것이 있다면, 상대방도 원하는 것이 있다는 점을 이해해야 한다. 상대방의 입장에서 생각하고, 그가 무엇을 원하는지 고려하며, 원하는 사항을 명확하고 간결하게 표현해야 한다.

설득은 단순히 얻는 과정이 아니라 주고받는 과정이다. 많은 사람이 설득을 어려워하는 이유는 상대방에게 무엇을 줄 것인지 고려하지 않고, 자신이 얻을 것만 생각하기 때문이다. 설득이 성공하려면 항상 '윈-윈' 관계를 구축해야 한다. 내가 하나를 얻는다면, 상대방에게 줄 수 있는 것이 무엇인지 고민하고 대안을 마련해야 한다. 커뮤니케이션이 원활하지 않거나 실패하는 이유는 대부분 일방적이기 때문이다. 특히 설득 과정에서 일방적인 태도를 보인다면, 상대방이 마음을 열 가능성은 더욱 낮아진다.

한비자는 "내가 원하는 것을 얻기 위해서는 먼저 상대방이 원하는 것이 무엇인지 알아야 한다."라고 말했다. 상대가 원하는 것을 이해하지 못하면, 내가 원하는 것을 얻을 수 없다. 너무나 당연한 원칙이지만, 이를 실천하는 것이야말로 진정한 설득의 방법이다.

설득력은 개인이 설정한 목표를 이루는 데 필수적인 요소다. 아무리 뛰어난 비전과 계획이 있어도 이를 다른 사람에게 납득시키지 못하면 실행이 어렵다. 특히 조직 내에서 리더는 팀을 이끌고 공동의 목표를 달성해야 하므로, 팀원들이 자신의 의견을 수용하고 따르게 만드는 설득력이 필수이다.

또한, 설득력은 인간관계에서도 중요한 역할을 한다. 상대방을 이해하고 필요와 관점을 존중하면서 자신의 의견을 제시하는 것은 좋은 관계를 형성하는 기초가 된다. 설득력이 뛰어난 사람은 상대방의 감정과 입장을 고려하면서 원하는 바를 자연스럽게 이끌어낼 수 있는 능력을 갖추고 있다. 설득은 단순히 논리적인 주장만으로 이루어지는 것이 아니라 상대방의 마음을 움직이는 과정이기도 하다.

설득력은 갈등을 해결하고 협력을 유도하는 데도 효과적이다. 사람들이 서로 다른 의견을 가질 때 강압적으로 해결하려 하면 갈등이 심화될 수 있지만, 설득을 통해 상호 이해와 합의를 이끌어내면 협력적인 분위기를 조성할 수 있다. 설득력이 좋은 사람은 상대방의 의견을 존중하면서도 자기 생각을 논리적이고 유연하게 제시해 대화의 흐름을 원활하게 이끌어간다. 이는 팀 내 협력을 촉진하고 조직의 성과를 높이는 데 중요한 역할을 한다. 결국, 성공한 사람들은 설득력을 바탕으로 상대방의 마음을 움직이고, 공동의 목표를 달성하며, 지속적인 신뢰와 영향력을 구축해 나간다.

끊기 십계명과
끈기 십계명 대화법

　말은 습관이다. 그러니 말을 잘하기 위해서는 불필요한 습관을 끊어Quit내야 한다. '~하지 않게' 말하기 습관이 '끊기 십계명'이다. 또한 바람직한 말은 끈기Grit 있게 밀고 나가야 한다. '~있게' 말하기 습관은 '끈기 십계명'이다. 끊기와 끈기를 명확하게 구분하여 언어를 구사한다면 누구나 달변가가 될 수 있고, HIM 있게 말할 수 있다.

　나는 기업체에 커뮤니케이션 특강을 할 때 수강생들을 A, B팀으로 나누어 미션을 준다. A팀에게는 이렇게 말하면 안 된다는 버려야 할 말 습관 10가지를 찾으라고 요청하고, B팀에게는 이렇게 말해야 대화에서 성공한다는 10가지 기법을 찾으라고 요청한다. 대화에서 버려야 할 10가지 습관을 '끊기 십계명'이라고 부르고, 바람직한 10가지 습관을 끈기 있게 밀고 나가야 한다는 취지에서 '끈기 십계명'이라고 부른다. 다음에 제시하고 있는 10가지 항목들은 여러 기업체 교육을 하면서 이와 같은 미션을 통해서 얻은 토론 자료들이다. 결국 잘못된 말 습관은 대단한 것이 아니고, 말을 잘해야 한다는 기법 또한 놀라운 원칙이 있는 것이 아니다. 일상적으로 우리가 흔히 실수하는 것들이 '끊기 10계명'이고, 또 그렇게 말해야 한다고 하는 습관이 '끈기 10계명'이다. 이 책에서 다루고 있는 HIM 있게 말하기의 전반적인 내용들 또한 '끊기 십계명'과 '끈기 십계명'을 풀어서 설명한 내용들이다.

첫째, 10가지 끊기 십계명이란?

말을 잘 못하고 대화법에 서투른 사람들은 의도치 않게 대화에서 불필요한 오해나 갈등을 유발할 수 있다. 효과적인 의사소통은 단순한 정보 전달의 문제가 아니라 상대방과의 관계를 구축하고 이해를 증진시키는 중요한 도구다. '끊기 십계명'은 대화를 더 원활하게 하고, 관계를 향상시키기 위한 구체적인 행동 지침이다.

1. 딱딱하지 않게 말하기
대화에서 딱딱한 말투는 상대방을 긴장하게 하거나 불편하게 만들수 있다. 지나치게 공식적이거나 권위적인 어조는 분위기를 경직시키고, 상대가 자신의 의견을 자유롭게 표현하지 못하도록 위축시킬 수 있다. 반면, 부드럽고 따뜻한 말투는 상대방이 편안하게 대화에 참여하도록 도와주며, 친근감을 형성하는 데 효과적이다.

예를 들어, 친구 사이에서는 형식적인 표현보다는 자연스럽고 친근한 언어를 사용하는 것이 관계를 더욱 돈독하게 만드는 데 도움이 된다. 딱딱하지 않은 말투는 상호 존중을 기반으로 한 원활한 소통을 가능하게 하며, 상대방과의 신뢰를 쌓는 데 중요한 역할을 한다.

2. 부정적이지 않게 말하기

부정적인 언어는 대화의 분위기를 악화시키고, 상대방을 방어적으로 만들 수 있다. "너는 항상 이런 식이야." 같은 표현은 비난으로 받아들여질 가능성이 높아 갈등을 유발할 수 있다. 반면 "다음에는 이렇게 해보면 어떨까?"처럼 긍정적이고 건설적인 언어를 사용하면 대화가 더 원활해지고 문제 해결에도 도움이 된다. 부정적인 표현을 줄이는 것은 상호 이해와 공감을 형성하는 첫걸음이다.

3. 일방적이지 않게 말하기

일방적인 대화는 상대방을 소외시키고 참여도를 떨어뜨린다. 자신의 의견만을 강조하면 상대방의 생각을 무시하는 것으로 비칠 수 있으며, 대화의 균형이 깨진다. 대화는 의견을 주고받으며 서로 이해하는 과정이므로, 상대에게도 충분한 발언 기회를 주는 것이 중요하다. "너는 어떻게 생각해?"처럼 상대방의 의견을 묻고 경청하는 태도는 대화를 더욱 의미 있게 만들고, 존중받는 느낌을 주어 관계를 깊고 친밀하게 만든다.

4. 감정적이지 않게 말하기

감정적으로 대화를 하면 논리적이고 객관적인 의사소통이 어려워
진다. 화가 난 상태에서는 원치 않는 말을 하거나 상대의 의도를 왜곡
해 받아들일 수 있다. 예를 들어, "네가 항상 문제야."라는 말은 갈등
을 악화시킬 뿐이다. 대신 감정을 다스리고 차분하게 대화하면 문제
해결에 더 효과적이며, 서로의 입장을 명확히 전달하고 이해하는 데
도움이 된다. 차분한 태도는 상대방도 감정을 진정시키고 대화에 집
중하도록 만든다.

5. 이기적이지 않게 말하기

자기중심적인 대화는 상대의 감정을 고려하지 않아 관계에 부정적
인 영향을 줄 수 있다. 이기적인 태도로 말하면 상대방은 존중받지 못
한다고 느끼고, 이는 신뢰를 약화시킨다. 반면, 상대의 입장을 이해하
려는 노력은 대화를 더 의미 있게 만들고 관계를 강화한다. "네 입장
에서 생각해보면 그럴 수 있겠네."와 같은 표현은 상대에게 공감과 이
해받는 느낌을 주며, 배려하는 소통의 출발점이 된다.

6. 똑똑한 척 하지 않게 말하기

대화에서 지나치게 똑똑한 척하는 태도는 상대를 불편하게 만들 수 있다. 이는 자신의 지식을 과시하려는 것으로 보일 수 있으며, 상대가 위축되거나 열등감을 느끼게 할 수도 있다. 대화는 정보와 지식을 공유하는 과정이지만, 상대를 배려하지 않으면 소통의 목적이 왜곡될 수 있다. 반면, 쉽게 설명하고 상대의 이해도를 고려하는 태도는 대화를 원활하게 만든다. "이 부분에 대해 어떻게 생각해?"처럼 상대의 의견을 경청하는 자세는 진정한 소통을 가능하게 한다.

7. 빠르지 않게 말하기

말이 너무 빠르면 상대가 내용을 이해하기 어려워지고, 대화가 피상적으로 느껴질 수 있다. 또한 빠른 말은 상대에게 불안감을 줄 수도 있다. 반면, 천천히 말하면 의미를 더욱 정확히 전달할 수 있으며, 대화의 흐름도 자연스럽게 이어진다. 특히 중요한 이야기를 할 때는 천천히, 명확하게 말하는 것이 필요하다. "천천히 생각하고 말할게."와 같은 태도는 상대에게 신뢰를 주고, 대화의 깊이를 더할 수 있다.

8. 큰 소리 내지 않게 말하기

대화 중 목소리를 높이면 상대가 위협을 느끼거나 방어적으로 반응할 수 있다. 큰 소리는 갈등을 증폭시키고 불편함을 유발할 수 있는 반면, 차분한 목소리는 대화를 안정적이고 신뢰할 수 있게 만든다. 특히 갈등 상황에서는 목소리를 낮추고 차분하게 말하는 것이 효과적인 해결 전략이 된다. "조용히 이야기하자."라는 태도는 감정을 가라앉히고, 서로의 의견을 더 잘 들을 수 있는 환경을 조성한다.

9. 입으로만 말하지 않게 말하기

말만 하는 대화는 진정성이 부족해 보일 수 있다. 비언어적 요소인 몸짓, 표정, 눈 맞춤은 대화에서 중요한 역할을 한다. 예를 들어, 눈을 맞추고 고개를 끄덕이는 행동은 상대에게 진심으로 대화에 참여하고 있다는 느낌을 준다. 반면, 말은 하지만 몸으로 무관심한 태도를 보이면 상대는 존중받지 못한다고 느낄 수 있다. 비언어적 표현은 메시지를 보강하고 감정과 생각을 더욱 풍부하게 전달하는 중요한 도구다.

10. 이기려 들지 않게 말하기

대화를 경쟁으로 여기고 이기려 하면 소통의 목적이 사라지고 갈등만 남는다. 대화는 상대를 이해하고 공감하는 과정이어야 하지만, 이기려는 태도가 앞서면 설득이 아니라 강요로 변할 수 있다. 이는 상대의 방어적인 반응을 유발하고, 대화를 건설적인 방향으로 이끌기 어렵게 만든다. 대화에서 중요한 것은 승패를 가리는 것이 아니라 문제를 해결하고 생각을 공유하는 것이다. "우리가 함께 해결할 방법을 찾아보자."와 같은 태도는 협력적인 분위기를 조성하며, 결과적으로 더 나은 결론을 이끌어낼 수 있다.

이처럼 '끊기 십계명'은 대화를 원활하게 하고 상대방과의 관계를 개선하는 데 중요한 지침이 된다. 이를 통해 우리는 상대방의 입장을 잘 이해하고 더욱 긍정적이며 건설적인 대화를 이끌어낼 수 있다.

둘째, 끈기 십계명이란?

'끈기 십계명'은 어떤 상황에서 누구와도 원활하게 소통할 수 있는 대화법을 설명하는 중요한 원칙이다. 대화는 단순한 정보 전달 이상의 의미를 가지며 상황과 상대방의 성향에 맞춘 대화 기술이 필요하다. '끈기 십계명'은 대화의 핵심 요소를 정리한 것으로 이 지침을 따르면 더 효과적인 의사소통을 할 수 있다.

1. 유머스럽게 말하기

유머는 대화에서 긴장을 풀고 상대와의 거리감을 줄이는 데 중요한 역할을 한다. 특히 낯선 사람과의 대화에서는 유머가 분위기를 부드럽게 만들고 자연스러운 소통을 유도한다. 또한, 무거운 주제나 갈등 상황에서도 적절한 유머는 긴장을 완화하고 문제 해결을 원활하게 할 수 있다. 그러나 유머는 상황에 맞아야 하며, 부적절하거나 과한 유머는 오히려 역효과를 초래할 수 있다. 그래서 유머를 효과적으로 활용하는 법을 익히는 것이 중요하다.

2. 타이밍에 맞게 말하기

대화에서 적절한 타이밍은 전달력과 효과를 좌우하는 중요한 요소다. 아무리 좋은 말이나 유용한 정보라도 적절한 순간에 제시되지 않으면 의미가 퇴색되거나 오히려 불편함을 줄 수 있다. 예를 들어, 상대가 감정적으로 격앙된 상황에서 논리적인 설명을 시도하면 오히려 대화의 흐름을 방해할 수 있다. 반면, 감정이 진정된 후 적절한 시점에 말을 꺼내면 효과적인 소통이 가능하다. 타이밍을 맞추는 것은 상대의 반응과 상황을 이해하고 배려하는 능력이며, 원활한 대화를 위한 필수 요소다.

3. 울림 있게 말하기

울림 있는 말은 단순한 정보 전달을 넘어 상대방에게 감정적, 정신적으로 깊은 인상을 남긴다. "당신의 노력이 정말 대단하다고 생각해요." 같은 진정성 있는 표현은 상대에게 감동을 줄 수 있다. 이는 신중한 단어 선택과 진실된 감정이 뒷받침될 때 더욱 효과적이며, 대화를 깊이 있는 소통으로 발전시키는 중요한 요소다.

4. 자신감 있게 말하기

자신감 있는 말투는 대화의 신뢰도를 높인다. 반면, 자신감이 부족하면 상대방은 불확실함을 느끼고 대화의 효과도 떨어진다. "저는 이 방법이 효과적이라고 확신합니다."와 같은 확신에 찬 표현은 상대가 더 진지하게 받아들이게 만든다. 자신감은 대화의 흐름을 주도하고 상대방의 관심을 끄는 중요한 요소다.

5. 정확하게 말하기

모호한 표현은 오해를 불러일으킬 수 있다. 특히 숫자나 시간 같은 정보를 전달할 때는 '대략 5시쯤'보다는 '정확히 5시에'라고 말하는 것이 좋다. 정확한 표현은 신뢰를 높이고, 대화를 효과적으로 만든다.

6. 친절하게 말하기

친절한 태도는 대화의 분위기를 부드럽게 하고 상대방이 편안하게 소통하도록 돕는다. 반면, 공격적인 태도는 갈등을 유발할 수 있다. "이해해줘서 고마워요."와 같은 표현은 상대에게 존중받고 있다는 느낌을 주며, 원활한 대화를 가능하게 한다.

7. 지혜롭게 말하기

지혜롭게 말하는 것은 단순한 지식 전달이 아닌 상황에 맞는 적절한 정보를 제공한다. 상대방이 해결책을 찾도록 유도하는 것이 더 효과적일 때도 있다. "이 상황에서 어떤 선택이 가장 좋을까요?"와 같은 질문은 상대가 스스로 답을 찾도록 도와주는 지혜로운 대화법이다.

8. 의미 있게 말하기

대화는 단순한 시간 보내기가 아니라 서로에게 가치를 주고받는 과정이다. "당신과의 대화에서 많은 걸 배웠어요."와 같은 말은 상대에게 의미 있는 피드백이 될 수 있으며, 관계를 더욱 긍정적으로 발전시킨다.

9. 설득력 있게 말하기

설득력은 논리적 근거와 감정적 호소가 적절히 조화될 때 강해진다. "이 방법이 효과적인 이유는 A, B, C 때문입니다."와 같은 논리적인 설명을 감성적으로 전달하면, 상대방이 더 쉽게 공감할 수 있다. 설득력 있는 대화는 신뢰를 쌓고, 갈등 상황에서도 타협을 이끌어내는 데 유용하다.

10. 상황에 맞게 말하기

대화 방식은 상황에 따라 달라져야 한다. 비즈니스 회의에서는 신중하고 전문적인 태도가 필요하지만, 친구와의 대화에서는 편안한 말투가 더 적절하다. 상황에 맞는 대화법을 사용하면 메시지가 효과적으로 전달되고 불필요한 오해를 방지할 수 있다.

'끈기 십계명'은 상황에 맞게 대화를 이끌어나가고, 상대방에게 긍정적인 영향을 주며, 대화의 목적을 달성하는 데 필요한 핵심 원칙들을 담고 있다. 이러한 대화법을 익히면 누구와도 원활하게 소통할 수 있으며 상대방과의 관계를 더욱 깊고 의미 있게 발전시킬 수 있다.

가와카미 데쓰야, 안혜은 역, 『일언력(一言力)』, 쌤앤파커스, 2018.

강문호, 『탈무드의 고급 유머』, 서로사랑, 2005.

강원국, 『어른답게 말합니다』, 웅진하우스, 2024.

고문부, 『현대웃음백서』, 토마토북, 2006.

고정식, 『웃기는 철학』, 넥서스, 2005.

김계옥, 『유머가 능력이다』, 스몰빅라이프, 2017.

김달국, 『유머 사용설명서』, 새로운 제안, 2009.

김진배, 『유머가 인생을 바꾼다』, 다산북스, 2004.

김진범, 『날더러 또 웃겨 달라고?』, 모아드림, 2011.

롤프 옌센, 서정환 역, 『드림 소사이어티』, 리드리드출판, 2005.

말콤 큐슈너, 강주헌 역, 『깡통들도 웃기면서 성공하는 사람』, 더난출판사, 2001.

민영욱, 『성공하려면 유머와 위트로 무장하라』, 가림출판사, 2008.

민현기·박재준·이상구 지음, 『성공한 리더는 유머로 말한다』, 미래지식, 2011.

밥 로스, 김원호 역, 『FUN 경영』, 시아출판사, 2002.

빌 아들러 지음, 김민아 옮김, 「케네디 유머와 화술」, 민중출판사, 2005.

신상훈, 「유머가 이긴다」, 쌤앤파커스, 2010.

웨인다이어, 오현정 역, 「행복한 이기주의자」, 21세기 북스, 2024.

임붕영, 「1% 리더만 아는 유머 학습법」, 미래지식, 2019.

임붕영, 「1% 리더만 아는 유머의 법칙」, 미래지식, 2012.

임붕영, 「1% 리더만 아는 유머의 유머 대화법」, 미래지식, 2014.

임붕영, 「감성 커뮤니케이션론」, 한올출판사, 2009.

임붕영, 「아버지의 웃음」, 청림출판, 2006.

임붕영, 「우리는 웃기는 리더를 존경한다」, 다산북스, 2010.

조지 베일런트, 이덕남 역, 「행복의 조건」, 프런티어, 2010.

폴 스미스, 김용성 역, 「스토리로 리드하라」, IGM books, 2013.

할 어반, 박정길 역, 「긍정적인 말의 힘」, 엘도라도, 2006.

Doni Tamblin, 「Laugh and Learn」, AMACOM, 2003.

E. Henry Thripshaw, 「The Mammoth Book of Tasteless Jokes」, Running Press, 2010.

Emma Seppala, 「The happiness Track」, Harperone, 2017.

KBS 유머공작소, 「통통통 유머로 통하라!」, 티앤디플러스, 2007.

Shawn Achor, 「The happiness Advantage」, Virgin Books, 2010.

Stephen R. Covey, 「The 7 Habits of highly effective people」, Simon and Schuster Inc., 1990.

성공한 사람들은 HIM 있게 말한다

초판 1쇄 인쇄 2025년 4월 21일
초판 1쇄 발행 2025년 4월 25일

지은이 임붕영
펴낸이 박수길
펴낸곳 (주)도서출판 미래지식
디자인 최치영

주소 경기도 고양시 덕양구 통일로 140 삼송테크노밸리 A동 3층 333호
전화 02)389-0152
팩스 02)389-0156
홈페이지 www.miraejisig.co.kr
전자우편 miraejisig@naver.com
등록번호 제 2018-000205호

ISBN 979-11-93852-30-9 13320

미래지식은 좋은 원고와 책에 관한 빛나는 아이디어를 기다립니다.
이메일(miraejisig@naver.com)로 간단한 개요와 연락처 등을 보내주시면
정성으로 고견을 참고하겠습니다. 많은 응모바랍니다.